Oxford Primary Grammar, Punctuation and Spelling Dictionary

OXFORD
UNIVERSITY PRESS

Great Clarendon Street, Oxford OX2 6DP

Oxford University Press is a department of the University of Oxford.
It furthers the University's objective of excellence in research, scholarship,
and education by publishing worldwide in

Oxford   New York

Oxford is a registered trade mark of Oxford University Press
in the UK and in certain other countries

© Oxford University Press 2020

The moral rights of the author have been asserted

Compilers: Fiona Tomlinson and Jenny Watson
Educational consultant: Gill Matthews
Grammarian: Richard Hudson

Database right Oxford University Press (maker)

First published 2013
Updated reprint 2014
This new edition 2020

All rights reserved. No part of this publication may be reproduced,
stored in a retrieval system, or transmitted, in any form or by any means,
without the prior permission in writing of Oxford University Press, or as
expressly permitted by law, or under terms agreed with the appropriate
reprographics rights organization. Enquiries concerning reproduction
outside the scope of the above should be sent to the Rights Department,
Oxford University Press, at the address above

You must not circulate this book in any other binding or cover
and you must impose this same condition on any acquirer

British Library Cataloguing in Publication Data

Data available

ISBN: 978 0 19 277656 3

10 9 8 7 6 5 4 3 2 1

Paper used in the production of this book is a natural, recyclable product
made from wood grown in sustainable forests. The manufacturing process conforms
to the environmental regulations of the country of origin.

Printed in China

Oxford OWL

For school
Discover eBooks, inspirational
resources, advice and support

For home
Helping your child's learning
with free eBooks, essential
tips and fun activities

www.oxfordowl.co.uk

Picture Acknowledgements:
Cover artwork: Dynamo
Inside artworks: Dynamo; Aptara

Oxford Corpus

You can trust this dictionary
to be up to date, relevant
and engaging because
it is powered by the
Oxford Corpus, a unique
living database of children's
and adults' language.

Oxford Primary Grammar, Punctuation and Spelling Dictionary

OXFORD
UNIVERSITY PRESS

Contents

Introduction 6

Grammar 7–37

Word classes 7
verbs 8
adjectives 8
nouns 9
- common nouns
- proper nouns
- uncountable and countable nouns

pronouns 10–11
- possessive pronouns
- relative pronouns

conjunctions 11
- co-ordinating conjunctions
- subordinating conjunctions

adverbs 12
prepositions 13
determiners 14
- possessive determiners

auxiliary verbs 15
- modal verbs

Sentences 16–17

Phrases 18
- noun phrase
- preposition phrase

Clauses 19

Adverbials 20
- fronted adverbials

Subject, verb and object 21–22
- complement

Verb and subject agreement 23

Tenses 24–27
- present
- present progressive
past
- past progressive
perfect
- present perfect
- past perfect
future 27

Active and passive voice 28–29

Cohesion 30–32

Formal and informal language 33–35

Standard and non-standard English 36–37

Contents

Vocabulary 38–49

Increasing your vocabulary 38	different degrees of formality 43
synonyms and near-synonyms 39	prefixes and suffixes 44–45
synonyms and antonyms 40–41	choice of words 46–48
different degrees of intensity 42	choice of tense 49

Punctuation 50–62

full stops 50	dashes 57
capital letters 51	brackets and parenthesis 57
question marks 52	ellipses 58
exclamation marks 52	hyphens 58
commas 52–54	inverted commas 59
colons 55	apostrophes 60–61
semicolons 56	bullet points 62

Spelling 63–98

vowel sounds 63–66	suffixes 80–87
plurals 67–69	apostrophes 88–89
present participles 70–71	homophones 90
past tenses 72–73	homographs 91
irregular verbs 74–75	silent letters 92–93
comparatives and superlatives 76–77	more spelling rules 93–96
prefixes 78–79	tips! 97–98

Dictionary A–Z 99–155

Index 156–159

Introduction

This dictionary will support children aged 7–11 years learning about grammar, vocabulary, punctuation and spelling. The pages are designed to make it easy and fun to use. It is split into two main parts.

The first part deals with grammar, vocabulary, punctuation and spelling rules, giving practical tips and examples throughout. All terms and rules are explained in a simple and accessible way. There is also help on how to avoid the most common errors.

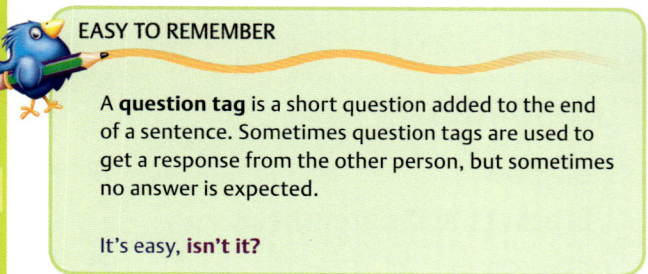

EASY TO REMEMBER

A **question tag** is a short question added to the end of a sentence. Sometimes question tags are used to get a response from the other person, but sometimes no answer is expected.

It's easy, **isn't it?**

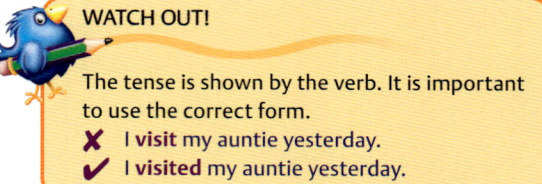

WATCH OUT!

The tense is shown by the verb. It is important to use the correct form.
✗ I **visit** my auntie yesterday.
✓ I **visited** my auntie yesterday.

The second part is an alphabetical spelling dictionary of over 1,000 words that children need to write but find it difficult to spell. It lists these tricky words along with tips on how to spell them correctly. The word selection is backed by the Oxford Children's Corpus, a unique database of children's language which provides important data on the words most frequently used by children. In particular, it includes the top 100 misspelled words from the latest analysis of the Oxford Children's Corpus.

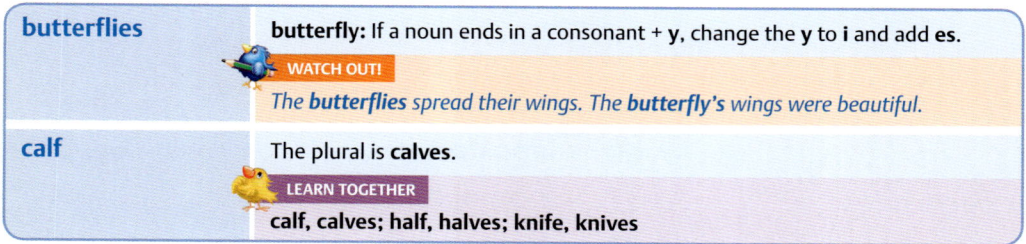

butterflies	**butterfly:** If a noun ends in a consonant + **y**, change the **y** to **i** and add **es**.
	WATCH OUT!
	The **butterflies** spread their wings. The **butterfly's** wings were beautiful.
calf	The plural is **calves**.
	LEARN TOGETHER
	calf, calves; half, halves; knife, knives

All sections are colour coded to make it easy to reference any one area quickly.

Some words can be spelled differently around the world. This dictionary tells you about British English spellings.

There is a comprehensive index of all the key terms at the back of the book.

The publishers would like to thank the primary teachers and schools, the educational consultants and grammarians whose advice and expertise proved invaluable in the compilation of this book.

Grammar

Grammar

We use words to communicate and we use **grammar** to organize the words. Every word in a sentence has a job to do. If the grammar of a sentence is correct, then the meaning will be clear.

Word classes

Words can do different jobs depending on their **word class**, or part of speech. Adjectives, nouns and verbs are all examples of different word classes.

green bird That my apple from me took.

These words are all muddled up! It should say: **That green bird took my apple from me.**

The words in the sentence need to work together to make the meaning clear.

The word 'green' is an **adjective**.

The word 'bird' is a **noun** and the word 'me' is a **pronoun**.

The word 'took' is a **verb**. Most sentences have a **verb** and either a **noun** or **pronoun**.

Grammar

verbs · adjectives

A **verb** often (but not always) names an action.

The bird **pecks** the apple and **eats** it. The bird **is** happy.

action or doing words — being word

If you can make a word into a past tense, it is a verb.

See page 24 for more on tenses.

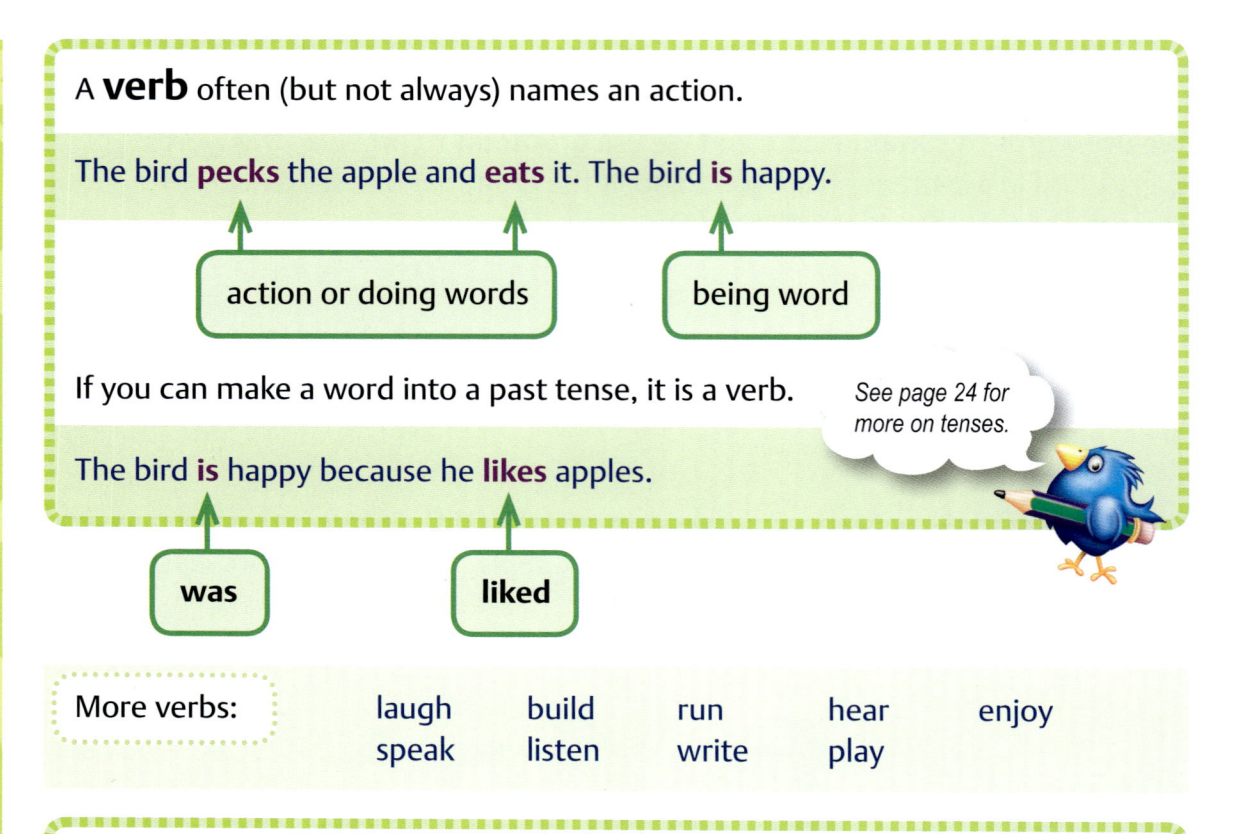

The bird **is** happy because he **likes** apples.

was **liked**

More verbs: laugh build run hear enjoy
speak listen write play

An **adjective** gives more information about a noun. It often goes before the noun or after **is**, **am**, **are**, **was** or **were**.

The **little**, **green** bird pecked the **juicy** apple. The apple was **delicious**.

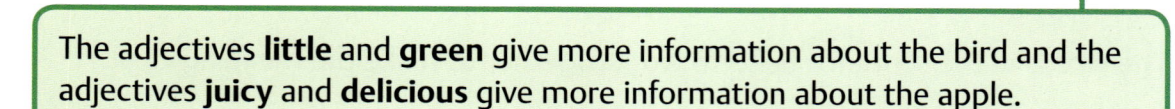

The adjectives **little** and **green** give more information about the bird and the adjectives **juicy** and **delicious** give more information about the apple.

More adjectives: gorgeous honest happy tiny

Grammar

A **noun** names a person or thing.

The **bird** pecked the **apple**.

A **common noun** is a noun that refers to people or things in general.

dog   tree   bridge   chair   bread

A **proper noun** is a noun that identifies a particular person, place or thing. Proper nouns begin with capital letters.

James   Africa   Friday

An **uncountable** noun cannot be plural, but a **countable** one can.

Jim spent his **pocket money** on the **tickets**.

uncountable   countable

Grammar

pronouns

A **pronoun** can be used instead of a noun. Using a pronoun avoids repeating the noun again and again.

The bird pecked the apple and ate **it** as **he** sat on a branch.

The pronoun **it** replaces the words 'the apple'.

The pronoun **he** replaces the words 'the bird'.

Possessive pronouns tell you who something belongs to.

This apple is **mine**!

The pronoun **mine** shows the apple belongs to the bird.

For possessive determiners, see page 14.

More possessive pronouns:

mine   yours   his   hers   ours   theirs

Relative pronouns introduce more information about the noun.

The bird **that** sat on the branch was eating an apple.

The relative pronoun **that** introduces more information about the bird.

See page 19 for more on relative clauses.

WATCH OUT!

You can leave out the relative pronoun **that** from some sentences, but not others.

Grammar

✔ The apple the bird was eating was juicy.
  This means the same as: The apple **that** the bird was eating was juicy.

✘ The bird was eating the apple flew away.
  This should be: The bird **that** was eating the apple flew away.

More relative pronouns: who   whom   whose   which

Pupils **whose** names are called out must stand up.
The words **where** and **when** are sometimes used as relative pronouns.
This is the house **where** I grew up.

A **conjunction** links words or groups of words within a sentence.

Later, a cat crept up the tall tree **as** the bird pecked the apple **and** ate it noisily.
The cat watched the bird quietly **because** he didn't want to scare it away.

Because joins words or groups of words which are not as important as the rest of the sentence – it is called a **subordinating conjunction**.

And joins groups of words which are of the same importance in the sentence – it is called a **co-ordinating conjunction**.

Examples of conjunctions:

co-ordinating conjunctions:	and	but	or	
subordinating conjunctions:	after	although	as	because
	before	if	since	
	when	while		

Grammar

adverbs

An **adverb** gives more information about a verb, an adjective, another adverb or a clause. An adverb tells you how, when, where or how often something happens.

Later, a cat crept up the tree as the little green bird **eagerly** pecked the juicy apple **twice** and ate it **noisily**.

Later gives more information about **when** the cat crept up the tree.

Twice gives more information about the **number** of pecks.

Eagerly and **noisily** give more information about **how** the bird was pecking or eating.

Some adverbs make a comment or link ideas.

Fortunately, we won. **However**, the other team played well.

*See page 83 for information about adding **-ly** to adjectives to form adverbs.*

Some adverbs are used to say how likely or possible something is.

We'll **definitely** come to the party. **Perhaps** he forgot.

WATCH OUT!

Some adverbs are used for emphasis.

The bag was **terribly** heavy.   He worked **very** quickly.

See page 31 for more on adverbs as cohesive devices.

12

Grammar

A **preposition** usually comes before a noun or pronoun. It often shows place or direction.

Later, a cat crept **up** the tree. Suddenly, the cat tried to pounce **on** the little green bird, but crashed **into** the tree.

Some prepositions show time or cause.

After this, the cat was furious **with** the bird.

More prepositions:

above	against	behind	below	beside	between	in
inside	near	on	off	onto	outside	over
through	under					

WATCH OUT!

It is important to know that words can belong to more than one **word class**.

The word **off** is a preposition and an adverb.
preposition: She fell **off** the horse.
adverb: She fell **off**.

The word **this** is a pronoun and a determiner.
pronoun: After **this**, the cat was furious.
determiner: After **this** embarrassment, the cat was furious.

The word **bat** is a noun and a verb.
noun: Can I borrow your **bat** please?
verb: Our team is going to **bat** first.

prepositions

13

Grammar

determiners • articles

A **determiner** goes in front of a noun and its adjectives to help to tell you which person or thing the sentence is about, or how much or how many of them there are.

The little green bird pecked **one** juicy apple and ate it as he sat on **a** branch.

The word **one** tells you how many apples the bird pecked.

The words **the**, **an** and **a** are called **articles**, which are a type of determiner. Change **a** to **an** if the next word starts with a vowel sound.

More determiners:

this	that	these	those	
some	any	no	either	neither
each	every			
many	much	few	little	both	all
three	fifty	three thousand		
which	what	whose		

A **possessive determiner** is used in front of a noun to show possession.

my   your   his   her   its   our   their

Grammar

Auxiliary verbs

Auxiliary verbs, or helping verbs, are used with main verbs. **Be**, **do** and **have** are auxiliary verbs.

I **am** eating the seeds.   I **have** eaten the seeds.

The auxiliary verb **am** is used here to make the progressive form.

The auxiliary verb **have** is used here to make the perfect form.

I **do** not want any more seeds. **Do** you want some?

The auxiliary verb **do** is used in negative statements and in questions.

Modal verbs are a kind of auxiliary verb. They can be used to say what is possible, what is necessary or what is going to happen in the future.

We **might** go to the park today.

I **must** tidy my room or Mum **will** be angry!

will	would	can	could	may
might	shall	should	must	ought to

Grammar

Sentences

A **sentence** tells you something, asks you something, asks you to do something or exclaims about something.

★ In writing, all sentences start with a capital letter and end with a full stop, question mark or exclamation mark.

★ Sentences consist of one or more clauses.

★ All sentences have a verb and in most sentences, the verb has a subject.

See page 19 for more on clauses, and page 21 for more on subjects.

A statement

I love seeds.

An exclamation

What delicious seeds these are!

A question

Should I eat these seeds?

A command

Take these seeds away!

A sentence that is a command or instruction is usually in the imperative, with the verb first.

Grammar

Types of sentence

A **single-clause sentence** consists of one main clause.

The bird ate the apple.

A **multi-clause sentence** consists of more than one clause.

The bird felt hungry and it ate the apple.

↑ main clause   ↑ main clause

Although it had already eaten, the bird ate another apple.

↑ subordinate clause   ↑ main clause

EASY TO REMEMBER

A main clause is a clause that can be used on its own as a sentence.

A subordinate clause often starts with a conjunction such as **although**, **because** or **when**.

A subordinate clause cannot exist on its own.

✗ Although it had already eaten.
✓ Although it has already eaten, the bird ate another apple.

Grammar

Phrases

> A **phrase** is a group of words that can be understood as a unit. A phrase is not a sentence.

A **noun phrase** has a noun as its head, or key word.

ball ← noun

the ball ← noun phrase

the red cricket ball by the fence ← expanded noun phrase, which describes the ball and says which ball we mean

Expanded noun phrases can be a good way of reducing the number of words you need to use.

The greedy bird's munching of all the seeds resulted in **a week-long tummy ache**.

This is shorter than: The bird was very greedy and couldn't stop himself from eating up all the seeds. As a result, he got tummy ache which lasted for a whole week.

A **preposition phrase** is a preposition followed by a noun or noun phrase.

See pages 8-13 for more on nouns, adjectives, prepositions and adverbs.

I waited quietly **behind the tree**, ready to jump out.

Grammar

Clauses

A **clause** is a phrase which has a verb as its head, or key word. The other words add meaning to the verb.

If a clause works on its own as a sentence, we say that it is a **main clause**.

The bird pecked the apple. It flew away.

Main clauses can be joined with co-ordinating conjunctions such as **and**, **but** and **or**.

The bird pecked the apple and **it flew away**.

A **subordinate clause** helps to give more meaning to the main clause. It cannot exist on its own as it is not a complete sentence. A subordinate clause often starts with a subordinating conjunction such as **although**, **because**, **before**, **if**, **since** or **when**.

The bird pecked the apple before it flew away.

This is the subordinate clause. It is not a sentence on its own but tells you when the bird pecked the apple.

A **relative clause** is a type of subordinate clause. It is connected to the main clause by a relative pronoun such as **that**, **which**, **who**, **whom** or **whose**.

See page 10 for more on pronouns.

I enjoyed the film that we saw last night.

Grammar

Adverbials

An **adverbial** is a word or phrase which gives more information about a verb or about a clause. An adverbial can be an adverb, a phrase or a subordinate clause.

Adverbials tell you about time, place, manner or number and answer these questions:

| Where? | When? | How? | Why? |
| How often? | How long? | How much? | |

The dog slept **under the table**.
Jack worked **very hard**.
The cat sleeps **all day**.
I **usually** do my homework **before I watch TV**.

Adverbials often appear at the end of the sentence, but sometimes they appear at the beginning. These are called **fronted adverbials**. There is usually a comma after a fronted adverbial.

First thing in the morning, I walk the dog.
Next, I have my breakfast.

Some adverbials link ideas across paragraphs or within paragraphs. These adverbials are often fronted.

on the other hand   in contrast   as a result   secondly

See page 32 for examples of adverbials linking ideas.

Grammar

Subject, verb and object

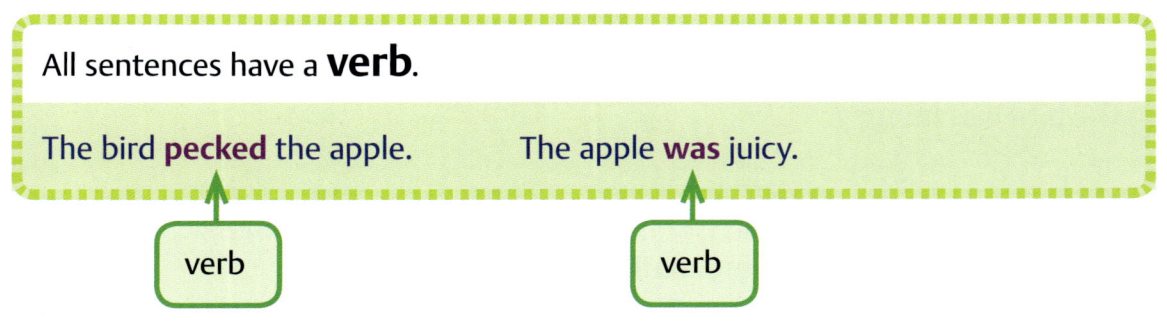

All sentences have a **verb**.

The bird **pecked** the apple.   The apple **was** juicy.

The **subject** of a verb is often who or what does or is something (the do-er or be-er). In a statement, the subject is usually the noun, noun phrase or pronoun just before the verb.

The bird pecked the apple. **It** was juicy.

Sometimes a verb has an **object** as well as a subject. The object is who or what is acted upon by the verb. In a statement, the object is usually the noun (or noun phrase or pronoun) just after the verb.

The bird pecked **the apple**.

21

Grammar

subject, verb and object

In some sentences the verb is followed by a description of the subject. This is called the **complement**. The verb **be** usually has a complement.

The bird was **hungry**.

In this sentence, **hungry** is the complement. It describes how the subject feels.

Sometimes there can be more than one person or thing doing the action in a sentence.

Zac and **I** are cycling to school.

You use **I**, not me, when you talk about **yourself** as the person doing the action.

✘ Dara and **me** played with Kate.
✔ Dara and **I** played with Kate.

✘ Harry and **me** love pizza!
✔ Harry and **I** love pizza!

EASY TO REMEMBER

Check if you should use **I** or **me** with this simple trick! Your sentence should still be correct if you take out the other person's name and the word 'and'.

✘ Samir and me walked to Selma's house.
✔ Samir and **I** walked to Selma's house.

✘ Me walked to Selma's house.
✔ **I** walked to Selma's house.

This is a great way to check your work!

Grammar

Verb and subject agreement

In a sentence, **the subject and the verb agree**.

✗ The apples **is** on the tree.
✓ The apples **are** on the tree.

✗ The bird **eat** the apple.
✓ The bird **eats** the apple.

The subject of a verb can be in the first, second or third person.

	subject personal pronoun	verb
first person	I	do, play, have
	we	do, play, have
second person	you	do, play, have
third person	he / she / it	does, plays, has
	they	do, play, have

More verb and subject agreements:

✗ She **were** going to the shops.
✓ She **was** going to the shops.

✗ You **was** talking in your sleep last night.
✓ You **were** talking in your sleep last night.

EASY TO REMEMBER

The **subject** personal pronouns are **I**, **you**, **he** / **she** / **it**, **we** and **they**.
The **object** personal pronouns are **me**, **you**, **him** / **her** / **it**, **us** and **them**.

Grammar

Tenses

> The verb in a sentence shows the **tense**. It shows when something happens.

The **present** tense shows that something happens now or is true now. It is usually shown by having no ending, or by adding **-s**.

The bird **likes** apples and often **pecks** them to see if they **are** good.

In the third person singular, most verbs have the suffix **-s** in the present tense.

The bird **watches**, and then **flies** across to the tree.

If the verb ends in **-s,-ss, -x, -sh** or **-ch**, the suffix **-es** is used instead of **-s**.

If the verb ends in a consonant + **-y**, the **y** is changed to **i** and then the suffix **-es** is added.

The **progressive** (or continuous) form of the present tense shows that something is in the process of happening now – either happening right now, or continuing over a longer period. It uses the auxiliary verb **be** and the form of the main verb that ends with **-ing**.

What **is** the bird **doing**? It **is pecking** the apple.
This term, Year 6 students **are learning** more about algebra.

-ing form of the main verb

More present progressives:

You **are rushing** to the shops.   She **is walking** to the shops.

Grammar

The **past** tense is used to describe something that happened earlier. The past tense is normally shown by adding **-ed**.

The bird **pecked** the apple.

See page 72 for more on adding -ed to verbs.

More past tenses: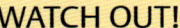

Dad **climbed** the ladder.   We **played** football after school.

WATCH OUT!

Some verbs change completely in the past tense.
is → was   go → went
think → thought   find → found

See page 74 for more on tricky past tense verbs.

The past tense is also used to talk about a situation that is imagined or wished for.

If we **left** now, we'd be able to watch the match on TV.
I wish I **had** a dog.

The **progressive** (or continuous) form of the past tense shows that something was in the process of happening – it was not finished, or was still happening when something else happened.

I **was going** to the shops when I lost my glove.

auxiliary verb **be**   **-ing** form of the main verb

tenses

25

Grammar

tenses

The **perfect** form is used to talk about something that happened, or started happening, earlier. It often shows that something is still relevant, or that something has not stopped happening.

The **present perfect** uses **have** or **has** and the **past participle** of the main verb to show that something is still relevant now.

Jade and Jack **have finished** their work. (So now they can choose a reward.)

↑ past participle of **finish**

Jasmine **has** always **wanted** a dog. (This means that she still wants a dog.)

↑ past participle of **want**

The **past perfect** uses **had** and a past participle to show that something happened earlier, or was still relevant.

She **had** just **started** her tea when we arrived.

↑ past participle of **start**

WATCH OUT!

To make the past participle, you add -ed to most verbs, but not all! Here are some verbs that change completely:

- bite → bitten
- break → broken
- forget → forgotten
- hide → hidden
- speak → spoken

WATCH OUT!

The tense is shown by the verb. It is important to use the correct form.

✗ I **visit** my auntie yesterday.
✓ I **visited** my auntie yesterday.

Grammar

The **future** can be shown by using **will**, or another modal verb, before the main verb.

The bird **will eat** the apple.

> **Will** is the modal verb and **eat** is the main verb.

The bird **might eat** the apple

> **Might** is the modal verb.

The future can also be shown by using another verb that shows you intend or want something.

The bird **is going to** eat the apple.   The bird **wants** to eat the apple.

More examples:

We **will be** in France tomorrow.   Dad **will take** me swimming.

WATCH OUT!

Sometimes the main verb is in the present tense, but is about something that will happen in the future.

Asha **is staying** here tomorrow night.

Grammar

Active and passive voice

> Many verbs can be either **active** or **passive**.

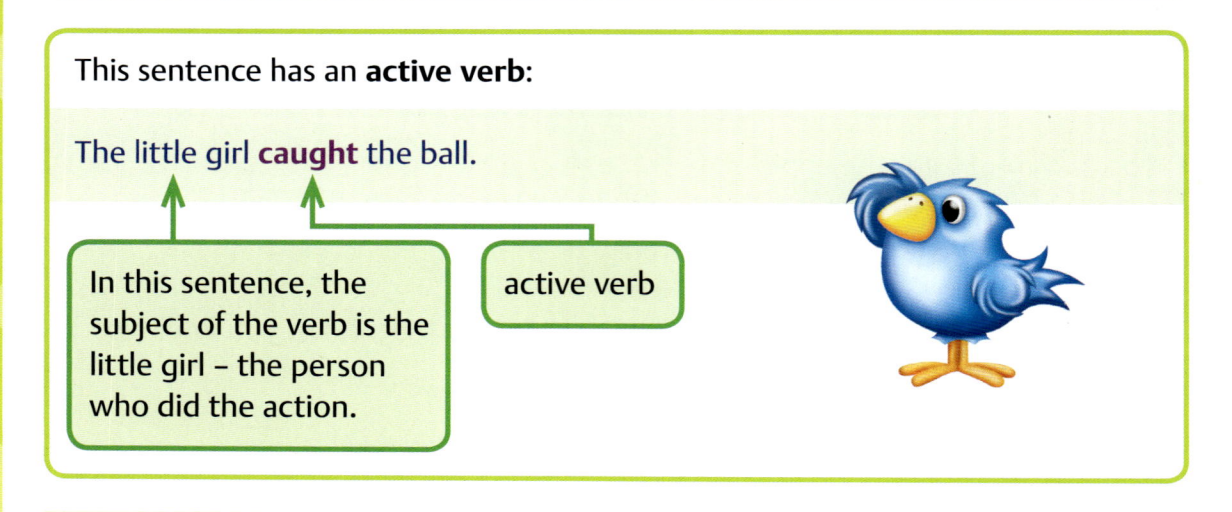

This sentence has an **active verb**:

The little girl **caught** the ball.

active verb

In this sentence, the subject of the verb is the little girl – the person who did the action.

More active sentences:

The bird ate the apple.   The cat chased the bird.

These sentences have a **passive verb**:

The ball **was caught**.

In these sentences, the subject of the verb is the ball – the thing that had something done to it.

The ball **was caught** by the little girl.

passive verb

In the sentences with a passive verb, the 'do-er' – the little girl – has disappeared, or is mentioned after **by**.

Grammar

The passive voice is useful when it is not known who did the action.

The passive is often used to help build suspense, or to emphasize what happened rather than who did something.

All the cakes had been eaten. *Passive*

The bird had eaten everything! *Active*

Passive verb forms often end in **-ed**, but this does not always mean that they are past tense.

Last year, matches **were played** on Wednesdays.
This year matches **are played** on Sundays.
Next year, matches **will be played** on Fridays.

active and passive voice

Grammar

Cohesion

A text has **cohesion** if it is clear how its different parts fit together. To make these connections clear:
- ★ Group sentences together in paragraphs.
- ★ Use words and phrases to link ideas.
- ★ Repeat key words and phrases in different paragraphs.

A **paragraph** is a group of sentences that are written together. The sentences are usually about the same thing. Start a new paragraph when you are writing about a new idea, person, place or event.

The words and phrases that link ideas in a text are called **cohesive devices**. Here are some examples.

★ Use determiners and pronouns to link back to other words:

Mr Smith came in with his dog. **The** dog and **he** were both old.

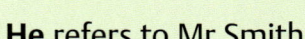

| **The dog** refers to his dog. | **He** refers to Mr Smith. |

★ Use a conjunction to link words or groups of words within a sentence:

Mr Smith **and** his dog were very old, **but** they were both healthy.

★ Use adverbs and adverbials to link between sentences:

Mr Smith was extremely old. **However**, he was in good health. **In fact**, he was fitter than most young people.

Grammar

cohesion

Conjunctions, **adverbs** and **adverbials** can show different types of connections such as time, place or a reason.

Later, **not far away**, I saw a green bird. I stopped, **because** I didn't want to scare it.

- links to a previously mentioned time
- links to a previously mentioned place
- links to a reason

More **adverbs** and **adverbials** that link ideas to a previous sentence:

moreover   nevertheless   finally   furthermore
therefore   on the other hand   in other words

Mr Smith was as fit as a fiddle. **In other words**, he was extremely healthy.

Sometimes it is a good idea to miss out some words, because the meaning of the sentence is clear without them and it would be repetitive to include them. When you deliberately miss out words, this is **ellipsis**.

For the punctuation mark ellipsis, see page 58.

We're off to the park. I can post your letter.

ellipsis: 'on the way to the park'

31

Grammar

cohesion

The Olympic Games — Heading – tells you what the writing is about.

In the beginning
The first Olympic Games took place in Ancient Greece in about 776 BC. They were held in an area called Olympia. There was only one event **in the first Games**, a short running race from one end of the stadium to the other. **Later**, more events were added, such as chariot racing.

Originally, women and girls were not allowed to take part in **the Olympic Games**. As a consequence, a separate event, called the Herannic Games after the goddess Hera, was held for women to compete in. Like the Olympic Games, women competed in running races. **They** wore short dresses, called chitons. **However**, men competing in the Olympic Games wore no clothes at all.

The Modern Games
Hundreds of years later, the modern Olympic Games began in the nineteenth century, with the foundation of the International Olympic Committee (IOC). The first modern Games were held in Athens in 1896.

In contrast to the first Olympic Games, **the Games** now have many events. Men and women compete in the Games, but there are only a few events where they compete against each other.

Subheading – tells you what the next paragraph or paragraphs are about.

Adverbial – linking ideas within the paragraph

Pronoun – links to the women in the previous sentence.

Adverb – linking ideas within the paragraph

Adverbial – linking ideas across paragraphs

See page 20 for more on adverbials.

Similar vocabulary – links ideas across paragraphs.

Look at how cohesive devices are used in the extract above.

Grammar

Formal and informal language

Formal language is the language we use in official, or formal, situations.

We can use formal language for:
- schoolwork
- debating
- giving a speech
- official forms, letters and emails

When using formal language:
- Use formal vocabulary that you do not use in everyday situations.
- Try to use fewer contractions – these are when two words are used as one and an apostrophe shows the missing letters, e.g. **I've** and **they've**.

You can also use other formal grammar such as subjunctive verb forms. These sentences contain subjunctive forms:

If I **were** you, I would go on the trip.
It is vital that pupils **be** well-behaved on the trip.

- Do not use capital letters for emphasis.
- Use Standard English.

Informal language is the language we use in everyday situations.

We can use informal language for:
- ordinary conversation
- letters and messages to family and friends
- notes
- shopping and to-do lists

Informal language may include:
- contractions
- colloquial words and phrases
- question tags
- other words and phrases which are not suitable when speaking or writing formally
- capital letters for emphasis
- punctuation which is not suitable in formal writing

Grammar

formal and informal language

Example of a formal letter

Here is an example of a letter which has been edited to make it more formal.

Draft letter

~~Hi Victor~~ Dear Mr Frankenstein,

~~I'd~~ I would like to apply for the job of ~~lab~~ laboratory assistant, ~~I saw it~~ advertised online.

~~Here's my CV.~~ Please see my CV, enclosed. ~~I've done tons of this stuff before~~ I have a great deal of experience in this type of work.

~~Can't wait to hear from you!~~ I look forward to hearing from you.

~~Cheers~~ Yours sincerely,

Andy Reader
Andy Reader

Final letter

Mr V. Frankenstein,
Frankenstein Castle,
Switzerland

3, Star Street,
Broadway,
Yorkshire
BW14 7HW
areader@readermail.com

1st January, 2020

Dear Mr Frankenstein,

I would like to apply for the job of laboratory assistant advertised online. Please see my CV, enclosed. I have a great deal of experience in this type of work.

I look forward to hearing from you.

Yours sincerely,

Andy Reader
Andy Reader

Grammar

Example of informal messaging

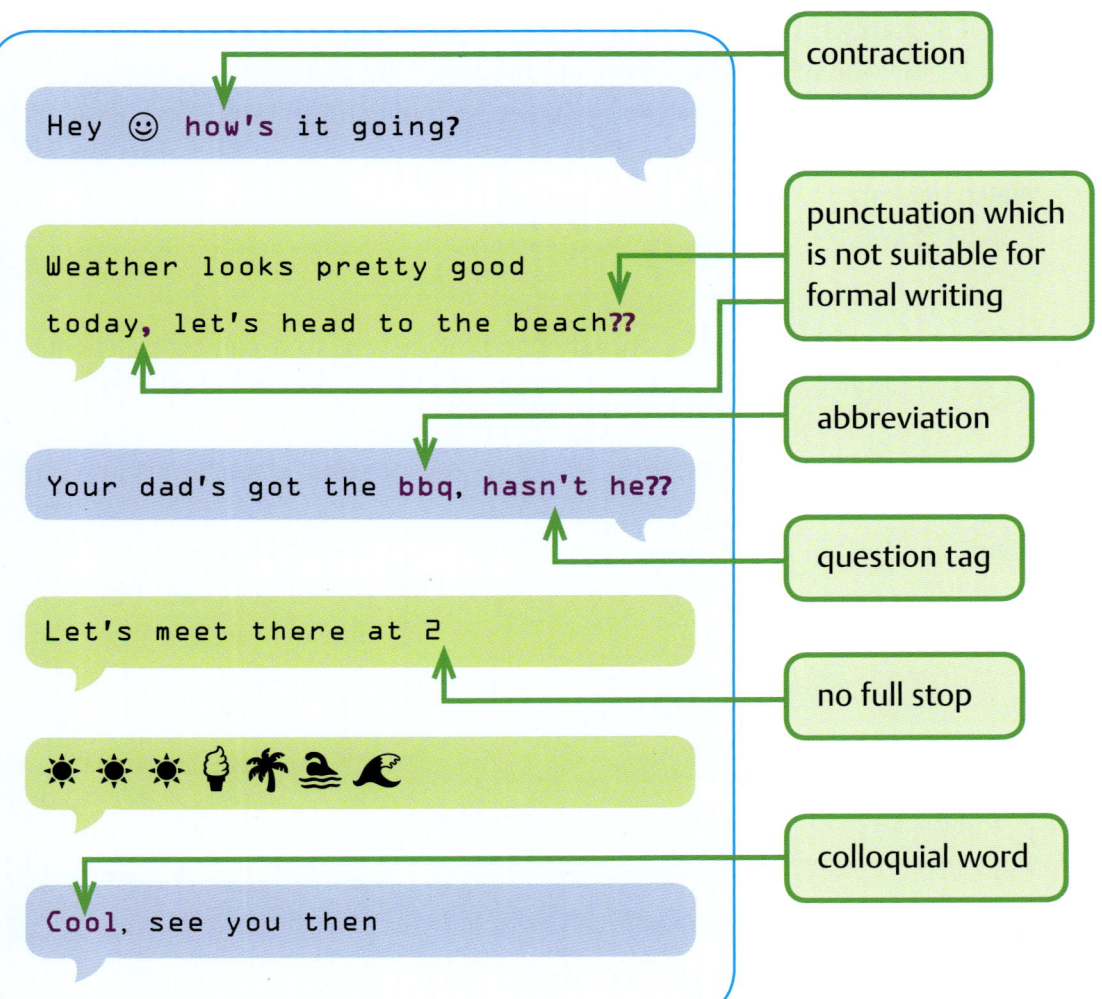

EASY TO REMEMBER

A question tag is a short question added to the end of a sentence. Sometimes question tags are used to get a response from the other person, but sometimes no answer is expected.

It's easy, **isn't it?**

formal and informal language

Grammar

Standard and non-Standard English

Standard English is used in most books, newspapers and formal documents. In your schoolwork, you should generally use Standard English. Standard English is also used when speaking formally, for example in speeches or meetings. It can be spoken in different accents, e.g. a West Midlands accent or a Welsh accent.

Non-Standard English is mostly used in speech, so it can be used when writing down what someone has said. It can also be used in informal writing.

Here are some differences between Standard and non-Standard English:

Standard	non-Standard
We **were** lucky	We **was** lucky!

The subject **we** and the verb **were** agree.

I **did** it!   I **done** it!

In Standard English, the past tense of **do** is **did**.

See page 23 for more on making the subject and verb agree.

Pass me **those** biscuits.   Pass me **them** biscuits.

The determiner **those** is used in Standard English.

WATCH OUT!

A double negative uses two negative words in one phrase or sentence.

In Standard English, We **didn't** see **nothing** does not mean the same as We **didn't** see **anything**.

Grammar

Read the extract below. In this extract, Mrs Sweet uses Standard English. Her speech is not formal: she uses a question tag, and the contractions **what's** and **who's**.

Little Paul often uses non-Standard English. Whenever this happens, the Standard English equivalent is shown.

"Now," said Mrs Sweet, "an hour ago there were twelve raspberry buns on the table, and now there are eleven, aren't there? Does anyone have anything to say?"

Mrs Sweet surveyed the group.

"You! You look guilty," she declared, her eyes coming to rest on Little Paul. "Do you want to tell me anything?"

"I'm sorry, Mrs Sweet – I seen them buns, and I thought they looked delicious …"

→ saw
→ those buns

"He didn't eat it!" burst out the little girl next to him, also turning raspberry pink. " It were for Uncle Paul – as a present."

→ It was

"Who's Uncle Paul?" enquired Mrs Sweet.

" Me dad," said Little Paul. "I'm sorry, Mrs Sweet. I didn't have no presents for his birthday, so I took one. Look – here it is."

→ My dad
→ I didn't have any presents

Out of his bag he took a paper towel, and he unwrapped it carefully to reveal the missing bun. " I didn't take nothing else, though."

→ I didn't take anything

standard and non-standard English

Vocabulary

Increasing your vocabulary

Having a **big vocabulary** is like having a big box of toys – you are unlikely to want all of the words all of the time, but you can use them when you want to.

★ Knowing how to choose the correct words in different contexts is just as important as knowing a lot of words.

★ Longer and more complicated words are not always the best choice.

★ Everyone continues to learn new words throughout their life, no matter how young or old they are.

Ways to increase your vocabulary:

★ **Listen** to other people using new words and phrases.

★ **Reading** helps to increase your vocabulary. Even if you are not a keen reader, you should try to keep reading! Most people find that the more they read, the easier it gets.

★ **Doing lots of activities** or **learning about new subjects** is a good way to learn new words. For instance, if you play a sport, or enjoy making things, you will know lots of words to do with that sport or activity.

Be brave when you write:

★ Do not limit yourself to words that you can definitely spell correctly. You can check spellings later, and edit your work.

WATCH OUT!

Many words have more than one meaning – when using a thesaurus, or a synonyms picker on a computer, it is important to check that you have chosen the correct meaning.

They were **curious** creatures.

Does this mean **odd** or **inquisitive**?

Vocabulary

Synonyms and near-synonyms

Synonyms are words that mean the same.

Near-synonyms are words that mean almost, but not exactly, the same. For instance, **told** and **suggested** are near-synonyms in the sentences below.

Mum **suggested** we take the sandwiches she'd made for herself.

Mum **told** us to take the sandwiches she'd made for herself.

Mum **offered** us the sandwiches she'd made for herself.

Mum **invited** us to take the sandwiches she'd made for herself.

Suggested, offered, invited and **told** all mean similar things but are not the same.

Words can be synonyms without being used in exactly the same ways. For instance, **suggested** and **proposed** mean the same, but **proposed** is more formal.

When you change a word, you might need to add or remove some other words in the sentence:

✔ Mum **told** us that she'd made some sandwiches.
✘ Mum **explained** us that she'd made some sandwiches.
✔ Mum **explained** to us that she'd made some sandwiches.
✔ Mum **explained** that she'd made some sandwiches.

WATCH OUT!

Are you choosing the right word?

✘ Mum **advised** us that we could take the sandwiches.
✔ I **advised** the motorist that the brake light was faulty.

This sounds odd because **advise** sounds too serious or formal for this context.

If your story contained a police report, you might write a sentence like this.

Vocabulary

Synonyms and antonyms

You can use a **synonym** or **near-synonym**, or change a whole sentence, in order to:

★ sound more formal: **Would you care for** a sandwich?

★ sound less formal: **Fancy** a sarnie? or **Fancy** a butty?

★ sound amusing: Mother dearest, shall I prepare for you a delicious hand-made sandwich, with a side order of healthy salad leaves?

★ sound appropriate: Mum, would you like me to make you a sandwich? Would you like a bit of salad with it?

★ sound more precise or add more detail: Would you like a **tuna** sandwich?

★ avoid misunderstanding: Would you like **Edam** or **Cheddar** in your sandwich?

★ not repeat yourself: Would you like a cheese sandwich or a tuna **one**?

★ make something sound more emphatic: I'd **love** a sandwich!

★ make something sound less emphatic: A sandwich would be **nice**, thanks.

★ make something sound more important, more dramatic or bigger:
I've eaten a **humungous** sandwich!

★ make something sound less important, less dramatic or smaller:
I've only eaten quite a **big** sandwich.

> Replacing words with **synonyms**, **near-synonyms** can change the effect or meaning.

Vocabulary

WATCH OUT!

The first word that you thought of might be the right one.

Let's get a **wrap**. ← This is a particular type of sandwich.

Antonyms are words that mean the opposite of each other, such as **wet** and **dry**, **full** and **empty**, **open** and **closed**. See how the antonyms below make sentences with very different meanings.

In the 100m sprint, Jess got off to a **quick** start.
In the 100m sprint, Jess got off to a **slow** start.

You can use an **antonym** in order to make a contrast:

Jack **loves** cheese and pickle sandwiches, but I **hate** them!

You can use a **synonym**, a **near-synonym** or an **antonym** to link ideas, while avoiding repetition:

I **hate** cheese, I **can't stand** pickle and I don't really **like** bread!

synonyms and antonyms

Vocabulary

Different degrees of intensity

Replacing or adding words can make the meaning very different or slightly different.

★ Some words are 'stronger', or more emphatic, than others. For instance, **tiny** does not mean the same as **small**, and **huge** does not mean the same as **large**. Sometimes, it may be better to use a word which changes the meaning less, or which does not change the meaning at all.

★ Sometimes you can add a word instead of replacing it. For instance, you can use an adverb such as **fairly**, **reasonably**, **exceptionally** or **unusually** in front of an adjective such as **small** or **large**.

The house had a .... garden.

huge

very large

large

substantial

sizeable

modest

small

fairly small

tiny

The word or words you choose will give you the size of the garden.

WATCH OUT!

Some adjectives are not used after adverbs such as **exceptionally**, **extremely** or **very**.

- ✗ The garden was ~~extremely~~ unique. *Either it is unique, or it is not.*
- ✗ The garden was ~~very~~ superb. *Either it is superb, or it is not.*

To emphasize words like **unique** and **superb**, you can use **completely** or **totally**.
- ✓ The garden was **completely unique**.
- ✓ The garden was **totally superb**.

Vocabulary

Different degrees of formality

rank	gross	stinky
smelly	disgusting	revolting
unpleasant-smelling	extremely unpleasant	malodorous

★ If a more formal word such as **unpleasant** does not sound forceful enough, you can add an intensifying adverb such as **extremely** or **very**.

★ Sometimes more formal or unusual vocabulary can sound amusing or rather odd – this might be a deliberate choice, but think carefully about the effect that you want to create.

'More cake?' '**No, thanks**. I'm **replete**.'

- not formal → **No, thanks**
- very formal → **replete**

I'm full!

★ To make a sentence more formal, you may need to change more than one word.

My **fave** teacher **reprimanded** me.

- informal → **fave**
- formal → **reprimanded**

Fairly formal

modal verb and 'please' for politeness

Could you **wait** one moment, **please**?

wait rather than **hang** on

Informal

Both of these phrases are informal.

Hang on a min!

★ Punctuation is often different in formal and informal writing. For instance, when writing informal messages on your phone, you might use a comma instead of a full stop, or not use a full stop at all.

Vocabulary

Prefixes and suffixes

Prefixes and **suffixes** are like building blocks: you can use them in the following ways to extend your vocabulary.

See pages 78-87 for more on prefixes and suffixes.

★ You can **add** a prefix to make an antonym.

un + kind = **un**kind   in + correct = **in**correct   dis + agree = **dis**agree

WATCH OUT!

unbelievable but **in**credible   **un**eatable but **in**edible   **un**lawful but **il**legal

★ You can **change** a prefix or suffix to make an antonym.
undercooked, **over**cooked   care**ful**, care**less**

★ You can **add** a prefix or suffix to make a related word.
en + able = **en**able   kind + ness = kind**ness**
pre + loved = **pre**-loved   contract + ion = contract**ion**

★ You can use prefixes and suffixes to create your own words.
"I am a modern wizard – a **re**invent**or** of magic," said the elf.
She was the **unangriest** person I had ever seen.

WATCH OUT!

Words that you invent might look odd, perhaps because they are like a real word, or because they already exist but are usually used in a different way. This might be a good thing, but think carefully about the effect that you want to create.

It was the most **windowful** house in the town.

Vocabulary

prefixes and suffixes

Knowing about prefixes and suffixes can also help you to work out the meanings of words that you have not seen before.

Was he **pro-** or **anti-**vegetables?
I am completely money**less**.

A word's suffix can show you which word class it belongs to. Here are some examples.

Words ending with the suffixes **-ion**, **-ment**, **-ness** and **-ism** are nearly always nouns.

| correct**ion** | equip**ment** | sad**ness** | vegetarian**ism** |

Words ending with the suffixes **-ful**, **-ical**, **-less** and **-ous** are nearly always adjectives.

| power**ful** | mag**ical** | use**less** | peril**ous** |

Words ending with the suffix **-ify** are nearly always verbs.

| qual**ify** | spec**ify** |

Words ending in the suffix **-ly** are often, but not always, adverbs.

quick	(adjective)	→	quick**ly**	(adverb)
hungry	(adjective)	→	hung**ri**ly	(adverb)
love	(noun)	→	love**ly**	(adjective)
ghost	(noun)	→	ghost**ly**	(adjective)

Vocabulary

Choice of words

Repetition
If you repeat the same words a lot, this can be boring for your readers or listeners.

There were a lot of **pictures** on the walls. **Some** were **pictures** of family members and **some** were **pictures** of places.

Using **synonyms** and **antonyms**, or changing whole sentences, adds variety and interest.

There were a lot of **pictures** on the walls. Some were **photographs** of family members and others were **landscapes**.

or

On the walls were lots of **pictures**: there were **photographs** of family members, and **landscapes**.

> Deliberately using a word or related word more than once, or using a synonym, can help to link the ideas in a text and help your reader to follow what you want to say.

Vocabulary

choice of words

When you use a word or phrase that is unnecessary, because it repeats an idea already expressed, is called **tautology**. We do this a great deal in speech and less formal writing, but it is better to avoid it in your schoolwork.

I have said this **repeatedly, over and over again**.

Both words express the idea of speed.

I **ran quickly** to the door.

It is better to write **I ran to the door**, or, if you want a less common word, you could use **dashed**, **rushed** or **bolted** – or combine **quickly** with a word such as **went**, **stepped** or **moved**.

Choice of **Standard** and **non-Standard** English

I like **those pens**.   I like **them pens**.

Standard English   non-Standard English

Generally, you should use Standard English in your schoolwork. If you are writing dialogue, it might be appropriate to use non-Standard English.

Vocabulary

choice of words

Choice of **word combinations**

When you choose a synonym, take care to ensure that it is the right one to combine with the other words in the sentence.

do a test = **take** a test
do your homework = **complete** your homework

Choice of **word order**

I **quickly ran** to the door. = I **ran quickly** to the door.

Hopefully, everyone will come to the king's banquet.

> This is what the writer or narrator hopes will happen.

Everyone came **hopefully** to the king's banquet.

> The people who came were hoping for something.

Checking word choices
Sometimes when you re-read what you have written, you realize that you can make your meaning clearer, or that a different word or words will be better for another reason. You might need to:

Change or add several words:

~~Dylan knew the answer.~~ Dylan knew that the answer was to ask for help.

Change or add a single word:

       had
We already ˄ started the game but Mum joined in.

Vocabulary

> Choice of **cohesive device**
>
> ✔ We missed the bus; **consequently**, we had to walk home.
> ✘ We missed the bus. We were tired; **consequently**, it was raining.
> ✔ We missed the bus. We were tired; **furthermore**, it was raining.

Choice of tense

Past or present:

Grandad **came** for his tea every day. He ~~likes~~ **liked** to do that.

> These verbs should be in the same tense.

Present perfect or past tense:

I've sung with the choir for three years.   **I sang** with the choir for three years.

> I sang and am still singing.   I did sing but that was in the past.

Simple past or past perfect:

Jake **wanted** to go out. He ~~finished~~ **had finished** his homework so he thought his mum would agree.

> This shows that he had already done it.

WATCH OUT!

After changing or adding words, you might also need to change or add punctuation.

I went to the play**,** **but** I didn't enjoy it.
I attended the play**.** **However,** I did not enjoy it.

choice of tense

49

Punctuation

Punctuation

Punctuation marks are used in sentences to make the meaning clear. Sentences can mean very different things if they don't have punctuation.

Let's eat Granny!

Let's eat, Granny!

Punctuation marks

A **full stop** (.) comes at the end of a sentence. It shows that a sentence is complete and finished.

It is a full sentence.	I am the tallest in my class.
I like swimming.	She lives next door to me.

More full stops:

Let's go to the park.	We are having lunch now.
You can text me later.	I'll see you tomorrow.

Punctuation

Capital letters are used at the beginning of sentences.

The bird likes to eat seeds.

Capital letters are used for **proper nouns** (nouns that identify a particular person, place or thing):

- people, e.g. Jacqueline Wilson, Jack, Meena
- brands, e.g. Ferrari, Apple, Samsung
- places, e.g. London, New York, Mumbai, Park Street
- books, e.g. *War Horse*, *Charlie and the Chocolate Factory*, *Stop the Train!*
- computer games, e.g. *Solve it!*, *MoshiMonsters*, *Deadly Dash*
- plays and musicals, e.g. *Macbeth*, *War Horse*, *Matilda*
- films, e.g. *Shrek*, *The Lion King*, *Madagascar*
- paintings and sculptures, e.g. *The Mona Lisa*, *Campbell's Soup Cans*, *The Scream*, *David*, *The Angel of the North*

WATCH OUT!

Always use a capital letter when you use **I** to talk about yourself.

I raised £100 for charity!   All I've ever wanted was a puppy.   I'm cold.

The names of days and months are **proper nouns**, so they also start with a capital letter.

Monday	Tuesday	Wednesday	Thursday	Friday	Saturday	Sunday
January	February	March	April	May	June	
July	August	September	October	November	December	

capital letters

51

Punctuation

A **question mark** ? comes at the end of a sentence which is asking a question.

Where are you?   What is your favourite colour?

Who was that?   Do you like peas?

More question marks:

Are you coming to the cinema with us?

How are you?   What time is it?

How old are you?

An **exclamation mark** ! comes at the end of an exclamation. It shows that something is being exclaimed, or said with a lot of feeling.

I'm so late!   Hurrah!   It's a goal!   No!

An **exclamation mark** can also come at the end of a command. A command is a sentence which gives an order or instruction.

No!   Run!

Stop it!

Sit on the blue chair!

A **comma** , can be used to separate items in a list.

I like to eat apples, seeds, grapes and nuts.

question marks • exclamation marks • commas

Punctuation

commas

More commas:

I like peas, carrots, beans and pizza.   I have a sister, a brother and a stepsister.

WATCH OUT!

I ate an orange, an apple, and raspberries.

This is called a **serial**, or **Oxford comma**. In some texts, this is used throughout as a style.

Not everyone uses an Oxford comma, so it is generally better to avoid it, unless it makes your meaning clearer.

A **comma** (,) can be used to change the meaning of a sentence.

I told him, honestly.   I told him honestly.

A **comma** (,) can be used to avoid ambiguity.

I'd like some jelly and ice cream for my sister.

This sentence is ambiguous: it is not clear if both the jelly and the ice cream are for the sister.

I'd like some jelly, and ice cream for my sister.

The comma makes it clear that the sister is only having ice cream.

Punctuation

commas

A **comma** (**,**) can be used before a clause starting with **or**, **and** or **but**.

I like swimming**,** but I love ice skating!

More commas:

Did you paint this picture yourself**, or** did someone help you?

We're finishing dinner**, and** then we're going to play a game.

I like cats**, but** I love dogs!

A **comma** (**,**) is used after a subordinate clause at the start of a sentence.

If we're really quiet, we won't disturb Grandad.

A **comma** (**,**) is also used after a fronted adverbial.

With a shake, the dog dried itself off.   Luckily, I got out of the way in time!

When Y6 came back from their trip, they were exhausted.

A **comma** (**,**) is used to separate the name of the person being spoken to from the rest of the sentence.

Kids, dinner's ready!   If you want, **Mum**, I'll wash up.

Punctuation

A **colon** (:) can be used to introduce a list.

I love the following foods: apples, seeds, grapes and nuts.

More colons:

There are three friends in the book: Harry, Ron and Hermione.

We are going to need: knives, forks, spoons and glasses.

They come in four colours: red, blue, yellow and green.

A **colon** (:) can be used to introduce examples or explanations.

The words after the colon give more information about what comes before it.

The bird eats lots of snacks: he needs lots of energy for flying.

More colons:

It is a big house: there are six bedrooms all with their own bathrooms.

The rabbits are very furry: they need to keep warm in winter.

My favourite colour is blue: it is the colour of my favourite team.

WATCH OUT!

See page 9 for more on nouns.

You don't need to use a capital letter for the word that comes after a colon, unless it is a proper noun or the word 'I'.

Punctuation

semicolons

A **semicolon** (;) can be used between two main clauses. (A main clause can work on its own as a sentence.)

The film was brilliant; I had a great time.

The room is hot; there are a lot of people dancing.

A **semicolon** (;) can be used in lists.

A semicolon can separate longer phrases in a list that has been introduced by a colon, or which is more complicated than a simple list of words.

The children need to bring with them: a hot-water bottle or an extra blanket if the weather is cold; a cup, a plate and a bowl; a knife, a fork and a spoon.

More semicolons:

I need yoghurt; as many bananas as you have; a tub of vanilla ice cream; and chocolate to sprinkle on top.

We all brought four things: a spooky ghost outfit; a funny clown costume; an animal suit; and a loud horn.

WATCH OUT!

Do not use a comma to join sentences or main clauses. If you want to join sentences using punctuation, choose a semicolon, a colon or, if you are writing informally, a dash.

Punctuation

A **dash** (—) can introduce further information and can be used instead of a colon or a comma. After the dash, there may be a list or a main or subordinate clause.

The fire spread quickly and the trees were engulfed — I was scared.

More dashes:

All the dogs were the same — white with black spots.

Everyone needs to work hard — especially if they don't want any extra homework!

Brackets ( ) **commas** (,) and **dashes** (—) can all be used to separate a word or phrase that has been added to a sentence as an explanation or afterthought.

The word or phrase inside the brackets, commas or dashes is called a **parenthesis**.

I looked up, squinting because of the sun, and saw the birds flying across the sky.

If you take out the parenthesis, the sentence should still make sense.

More brackets and dashes:

My birthday cake was chocolate (which is my absolute favourite) with chocolate icing and chocolate buttons on top as well.

We catch the bus — the blue one — at 3.15 p.m. at the station.

Punctuation

ellipses • hyphens

Ellipsis (...) is used to show that a word has been missed out or a sentence is not finished.

Don't tell me…

A **hyphen** (-) is used to join two or more words that should be read as a single unit. A hyphen is shorter than a dash. It does not have a space either side of it.

great-aunt   fair-haired

A **hyphen** (-) is also used to help avoid confusion.

a man eating fish   a man-eating fish

This could be a man eating a fish.

This is a fish that eats people.

A **hyphen** (-) is sometimes used between a prefix and a root word, especially if the hyphen makes the word easier to read.

co-ordinate   co-own   re-educate

More hyphens:

a mix-up   a bad-tempered pet

a nine-year-old boy   I re-addressed the envelope.

Punctuation

Inverted commas, or speech marks, " " and ' ' show when people are actually speaking. When people's exact words are written down in this way, this is called **direct speech**.

"I'm beginning to understand," he said.

"Finally!" she replied.

More inverted commas:

"We're too late," I said.   "Can we meet up tomorrow?" Sarah asked.

"We're going swimming later," Dad reminded me.

WATCH OUT!

The punctuation at the end of the spoken words always comes **inside** the final set of inverted commas.

- ✔ "I can't hold on any longer!" Kim cried.
- ✘ "I can't hold on any longer"! Kim cried.

- ✔ 'Can I talk to you please?' she whispered.
- ✘ 'Can I talk to you please'? she whispered.

EASY TO REMEMBER

You may see single (' ') or double (" ") inverted commas, depending on what you are reading. It is important to use the same style across your work so that you are consistent.

Punctuation

apostrophes

An **apostrophe** (') can be used to show that letters are missed out of a word (a contraction).

I am sure I didn't pick up the pen.

The two words **did** and **not** are joined and the apostrophe replaces the letter **o** in **not**.

He'd already eaten his dinner.

More than one letter is missing as **he had** is now **he'd** – the apostrophe is instead of more than one letter.

More apostrophes:

it + is = it's
we + are = we're
it + has = it's
does + not = doesn't
do + not = don't
should + not = shouldn't
who + is = who's

had + not = hadn't
would + have = would've
could + not = couldn't
could + have = could've
you + are = you're
he + had = he'd
she + would = she'd

WATCH OUT!

It is easy to confuse **its** and **it's**. If you can say 'it is' or 'it has' instead of 'its' in your sentence, then you should use an apostrophe.

- ✔ It's raining. = It is raining.
- ✔ It's finished. = It has finished.
- ✘ The dog wagged it's tail. = The dog wagged it is (or it has) tail.

Punctuation

An **apostrophe** (**'**) can show ownership or possession.

This is called a **possessive apostrophe**. Possessive apostrophes show that something belongs to, or is for, someone or something. Often, a **possessive apostrophe** is used with a **possessive s**.

★ If a singular word doesn't end in **-s**, add **'s**:
  the boy's pen *(possessive apostrophe)*

★ If a singular word ends in **-s**, add either **'s** or just **'**:
  James's hat   Nicholas' hat

★ If a singular word ends in **-ss**, still add **'s**:
  the princess's crown   the boss's chair
  the witness's statement

★ If a plural ends in **-s**, just add **'**:
  the girls' bags   the visitors' car park   the calves' horns
  (plural -s before apostrophe)

★ If a plural doesn't end in **-s**, add **'s**:
  children's books   men's coats
  women's shoes   the mice's food

WATCH OUT!

Adding an apostrophe does not make a word plural!

✔ Cauliflowers are half price!
✘ Cauliflower's are half price!

apostrophes

61

Punctuation

bullet points

Bullet points (•) are used to organize a list of points in order to make it clear. The text introducing the list of bullet points should end with a colon.

If the text that follows the bullet point is not a proper sentence, it does not need to start with a capital letter and end with a full stop.

Plan for the holidays:
- *finish book*
- *mend bike*
- *tidy room*

If the text that follows the bullet point is a full sentence, it should start with a capital letter and end with a full stop.

We gave the following reasons for wanting to have a party:
- It was our last year in primary school.
- We wanted to say goodbye to our teachers.
- We had worked hard all year.

WATCH OUT!

Paragraph breaks are also an important part of punctuation.

✗ "Would you like some cake?" asked Sarah. "Yes, please!"

> This means that Sarah is talking to herself.

✓ "Would you like some cake?" asked Sarah.

"Yes, please!"

> The paragraph break shows that someone else is now speaking.

Spelling

Spelling

Spelling can be tricky! Think of the word you are spelling and how it sounds. To help you to spell it correctly, here are some spelling rules and strategies.

Vowels and consonants

The letters **a**, **e**, **i**, **o** and **u** are called **vowel letters**. They are in most words. They can make a short vowel sound or a long vowel sound. All other letters are called **consonant letters**.

> Vowel letters are a, e, i, o, u.

How to spell the long vowel sounds

A /eɪ/ sounds like 'pl**ay**'

Different ways of spelling this sound:

ay	day	play
ai	wait	rain
a_e	cake	same
a	acorn	angel
-ae	sundae	
-ey	grey	they
ea	great	break

WATCH OUT!

Other letter groups can also make the /eɪ/ sound: the **eigh** in **eight** and **neighbour** and the **ei** in **vein**.

The **ae** in **ice cream sundae** is an unusual spelling of the /eɪ/ sound.

Spelling

vowel sounds

E /iː/ sounds like 'tree'

Different ways of spelling this sound:

ee	sweet	peel
e_e	compete	theme
ey	monkey	keys
ie	thief	field
ea	meat	deal
i_e	sardine	

The letters **ea** can also make the sound in **bread** and **feather**.

WATCH OUT!

At the end of a word, the letter **y** often makes a sound that is very similar to the long /iː/ sound.

baby   tummy   silly   happy

I /aɪ/ sounds like 'high'

Different ways of spelling this sound:

ie	lie	pie	tie
i_e	kite	despite	alike
igh	light	bright	fright
i	behind	mind	kind

WATCH OUT!

At the end of a word, the commonest way of spelling the long /aɪ/ sound is the letter **y**.

my   by   fly

For words like *gym* and *mystery* that have an 'i' sound in the middle, see page 95.

In **height**, **ei** makes this sound.

Spelling

O /əʊ/ sounds like 'road'

Different ways of spelling this sound:

o	so	go
oa	boat	toast
o_e	broke	hole
oe	woe	toe
ow	tow	glow
ough	although	dough
eau	gateau	

Lots of words are spelled with the letters -ough. Have a look at page 94 for the different sounds they can make.

U /uː/ sounds like 'moon'

Different ways of spelling this sound:

ue	clue	true
u_e	flute	rude
oo	cool	spoon
ew	crew	flew
o	to	who
ou	you	soup
ough	through	
ui	bruise	fruit
u	super	

vowel sounds

Spelling

vowel sounds

U /ju:/ sounds like 'tube'

Different ways of spelling this sound:

ue	argue	barbecue
ew	knew	nephew
u	universe	tuna
u_e	cube	fuse
eu	feud	

You is spelled with ou.

More vowel sounds

sound	examples					
short 'oo'	book	could	push			
'ah'	father	palm				
'ar'	car	far	hard			
'aw'	saw	saucer	naughty	brought	water	walk all
'or'	fork	floor	oar	more	quarter	reward
	toward	war	warm	your		
'ur'	burn	her	bird	early	word	
'ou'	clown	found	plough			
'oi'	coin	toy				
'eer'	hear	sphere	pier	deer		
'air'	chair	care	bear	there		
'yoor'	cure					

WATCH OUT!

The 'ur' sound in **earn**, **learn**, **heard** and **early** is spelled with the letter group **ear**.

The 'air' sound in **teddy bear** is spelled with the letter group **ear**.

Spelling

Making nouns plural

A noun names a person or thing. Words like apple, dog, team and chair are all nouns. One apple is **singular**. More than one is **plural**.

Spelling rule

To make most nouns plural, add **-s**.

apple + **s** = apple**s**   dog + **s** = dog**s**

team + **s** = team**s**   chair + **s** = chair**s**

How do I say I want more than one apple?

The little bird has one **apple** on his head.

There are lots of **apples** on the ground.

Now think about…

If the noun ends in **-s**, **-ss**, **-x**, **-sh** or **-ch**, add **-es**.

bus + **es** = bus**es**   glass + **es** = glass**es**   fox + **es** = fox**es**

brush + **es** = brush**es**   church + **es** = church**es**

If the noun ends in a consonant + **-y**, change the **-y** to **-i** and add **-es**.

ba by → ie + s = bab**ies**   bo dy → ie + s = bod**ies**   famil y → ie + s = famil**ies**

plurals

Spelling

plurals

If the noun ends in **-f** or **-fe**, change the **-f** or **-fe** to **-ves**.

hal~~f~~ + **ves** = hal**ves**   li~~fe~~ + **ves** = live

If the noun ends in **-o**, add **-es**.

hero + **es** = hero**es**   tomato + **es** = tomato**es**

potato + **es** = potato**es**

WATCH OUT!

Some nouns ending in **-f** and **-o** only need an **-s** to make the plural!

roof + **s** = roof**s**

piano + **s** = piano**s**

Spelling

Some plurals do not add '-s'

For some nouns that ends in **-a**, add an **-e**.

antenna + **e** = antenn**ae**

For some nouns that end in **-us**, change the **-us** to an **i**.

fung~~us~~ → **i** = fung**i**

If the noun ends in **-is**, change the **-is** to **-es**.

cris~~is~~ → **es** = cris**es**

There are some tricky nouns that do not change at all to make the plural.

one **sheep** → two **sheep**   one **deer** → two **deer**

Some words change their spelling completely to make the plural.

child → **children**   mouse → **mice**

man → **men**

plurals

Spelling

Adding -ing to verbs to make present participles

A verb often (but not always) names an action. Words like pick, jump, fly and mix are all verbs.

*I am pick**ing** up my apples.*

Spelling rule

Progressive forms of verbs use present participles. To make a present participle, add **-ing** to the verb.

rain + **ing** = rain**ing**   rush + **ing** = rush**ing**

laugh + **ing** = laugh**ing**

See page 24 for more on tenses.

Now think about...

If a verb ends in a consonant + **-e**, take off the **-e** and add **-ing**.

juggl~~e~~ + **ing** = juggl**ing**   tickl~~e~~ + **ing** = tickl**ing**

More examples:

shin~~e~~ + **ing** = shin**ing**   rac~~e~~ + **ing** = rac**ing**   smil~~e~~ + **ing** = smil**ing**

WATCH OUT!

be + **-ing** = be**ing**

Spelling

If a verb ends in a single vowel letter and a single consonant letter, double the consonant and add **-ing**.

trip + **p** + **ing** = trip**ping**   shop + **p** + **ing** = shop**ping**

More examples:

hop + **p** + **ing** = hop**ping**   rub + **b** + **ing** = rub**bing**

swim + **m** + **ing** = swim**ming**

WATCH OUT!

The final letters **-w** and **-x** are not doubled.

sewing   drawing   chewing

mixing   fixing   boxing

If a verb ends in **-y**, just add **-ing**.

cry + **ing** = cry**ing**   fly + **ing** = fly**ing**   reply + **ing** = reply**ing**

copy + **ing** = copy**ing**   carry + **ing** = carry**ing**   stay + **ing** = stay**ing**

If a verb ends in **-ie**, change the **-ie** to **-y** before adding **-ing**.

t~~ie~~ → y = t**ying**   l~~ie~~ → y = l**ying**   d~~ie~~ → y = d**ying**

adding -ing

Spelling

Adding -ed to verbs to make a past tense

I picked a juicy apple!

Spelling rule

To make a past tense or past participle, add **-ed** to the verb.

pick + **ed** = pick**ed**   weigh + **ed** = weigh**ed**

laugh + **ed** = laugh**ed**   whisper + **ed** = whisper**ed**

happen + **ed** = happen**ed**   start + **ed** = start**ed**

WATCH OUT!

Many common verbs do not form their past tense or past participle in this way. See pages 74 and 75 for more information.

Now think about...

If a verb ends in a consonant + **-e**, take off the **-e** and add **-ed**.

smil~~e~~ + **ed** = smil**ed**   hik~~e~~ + **ed** = hik**ed**

pok~~e~~ + **ed** = pok**ed**   tickl~~e~~ + **ed** = tickl**ed**

Spelling

If a verb ends in a single vowel letter and a single consonant letter, double the consonant and add **-ed**.

clap + **p** + **ed** = clap**ped**   pat + **t** + **ed** = pat**ted**

tap + **p** + **ed** = tap**ped**

If a verb ends in a consonant + **-y**, change the **-y** to **-i** and add **-ed**.

cr~~y~~ → **i** + **ed** = cr**ied**   tr~~y~~ → **i** + **ed** = tr**ied**

cop~~y~~ → **i** + **ed** = cop**ied**   carr~~y~~ → **i** + **ed** = carr**ied**

If a verb ends in a vowel + **-y**, just add **-ed**.

play + **ed** = play**ed**   stay + **ed** = stay**ed**

obey + **ed** = obey**ed**

If a verb ends in **-ie**, take off the e and add **-ed**.

ti~~e~~ + **d** = ti**ed**   li~~e~~ + **d** = li**ed**

adding -ed

> A vowel letter is a, e, i, o, u. A consonant letter is all the other letters.

Spelling

irregular verbs

Some verbs change completely to make the past tense and past participle.

verb	past tense	past participle
begin →	began	begun
bend →	bent	bent
bite →	bit	bitten
blow →	blew	blown
break →	broke	broken
buy →	bought	bought
catch →	caught	caught
creep →	crept	crept
dig →	dug	dug
do →	did	done
drink →	drank	drunk
drive →	drove	driven
eat →	ate	eaten
feed →	fed	fed
fight →	fought	fought
find →	found	found
get →	got	got
give →	gave	given
go →	went	gone
grow →	grew	grown
have →	had	had
hear →	heard	heard

verb	past tense	past participle
hide →	hid	hidden
keep →	kept	kept
know →	knew	known
make →	made	made
meet →	met	met
ride →	rode	ridden
ring →	rang	rung
rise →	rose	risen
run →	ran	run
see →	saw	seen
sell →	sold	sold
send →	sent	sent
shake →	shook	shaken
shoot →	shot	shot
sing →	sang	sung
sit →	sat	sat
sleep →	slept	slept
slide →	slid	slid
speak →	spoke	spoken
spend →	spent	spent
sweep →	swept	swept
swim →	swam	swum

Spelling

irregular verbs

verb	past tense	past participle
take →	took	taken
teach →	taught	taught
tear →	tore	torn
tell →	told	told
think →	thought	thought

verb	past tense	past participle
throw →	threw	thrown
wear →	wore	worn
weep →	wept	wept
wind →	wound	wound
write →	wrote	written

WATCH OUT!

There is one verb you need to be extra careful with! The verb **to be** has more than one form both in the present tense and in the past tense.

Present tense

I **am**   we **are**   you **are**   they **are**   he / she / it **is**

Past tense

I **was**   we **were**   you **were**   they **were**   he / she / it **was**

75

Spelling

Adding -er and -est to adjectives

I am tall.
*I am tall**er**.*
*I am tall**est**!*

Spelling rule

Use **-er** when there are two things being compared. This is called the **comparative**.

Use **-est** when there are more than two things being compared. This is called the **superlative**.

long	long**er**	long**est**	fast	fast**er**	fast**est**
slow	slow**er**	slow**est**	small	small**er**	small**est**
quick	quick**er**	quick**est**	short	short**er**	short**est**

Now think about...

If an adjective ends in **-e**, take off the **-e** and add **-er** or **-est**.

rud~~e~~ + **-er** / **-est** = rud**er** / rud**est**   nic~~e~~ + **-er** / **-est** = nic**er** / nic**est**

hug~~e~~ + **-er** / **-est** = hug**er** / hug**est**

Spelling

adding -er and -est

If the adjective ends in a single vowel letter and a single consonant letter, double the consonant and add **-er** or **-est**.

hot + **t** + **-er** / **-est** = hot**ter** / hot**test**

fit + **t** + **er** / **-est** = fit**ter** / fit**test**

big + **g** + **er** / **-est** = big**ger** / big**gest**

If the adjective ends in a consonant + **-y**, change the **-y** to **-i** and add **-er** or **-est**.

funn~~y~~ → **i** + **-er** / **-est** = funn**ier** / funn**iest**

shin~~y~~ → **i** + **-er** / **-est** = shin**ier** / shin**iest**

wobbl~~y~~ → **i** + **-er** / **-est** = wobbl**ier** / wobbl**iest**

★ Some two-syllable words can use either **more** or **most**, or **-er** or **-est**.

clever   clever**er** / **more** clever   clever**est** / **most** clever

★ Adjectives with three or more syllables use **more** or **most** instead of adding **-er** or **-est**.

interesting   **more** interesting   **most** interesting

WATCH OUT!

For two-syllable adjectives ending in **-ful**, **-less**, **-ing**, **-ed** and **-ous** use **more** or **most**.

famous   **more** famous   **most** famous
beautiful   **more** beautiful   **most** beautiful

77

Spelling

Prefixes

Prefixes are useful!

A **prefix** is a group of letters that can be added to the beginning of a root word.

Different prefixes have different meanings so, when you add a prefix to a word, you change its meaning and make a new word.

dis + appear = **dis**appear

un + well = **un**well

im + possible = **im**possible

sub + marine = **sub**marine

prefix	meaning	example	
re-	again	recycle	reuse
pre-	before	prehistoric	
ex-	out, outside of	export	exit
co-	together	cooperate	coordinate
anti-	against	antiseptic	anti-hero
auto-	self	automatic	autobiography
circum-	round, about	circumference	
bi-	two, twice	bicycle	
tele-	at a distance	telephone	
trans-	across	transport	transatlantic
pro-	supporting	programme	proceed
sub-	below	submarine	
inter-	between, among	international	
super-	above, over, beyond	superman	supersize
over-	excessively	overused	overexcited

A root word is the most basic form of a word.

Spelling

Some prefixes make the opposite of the word.

prefix	meaning	example	
un-	not, the opposite of	unwell	
de-	undoing or taking away	deflate	
dis-	not	dishonest	
dis-	opposite of	disappear	
mis-	wrong	misbehave	
non-	not	non-stop	
in- / im- / ir- / il-	not	incredible	impossible
		irregular	illegal

WATCH OUT!

The prefix **in-** can mean both 'not' and 'in' or 'into'.

inedible = not edible

indoors = inside (your house)

prefixes

Spelling

Suffixes

A **suffix** is a group of letters that can be added to the end of a root word.

Different suffixes have different meanings so, when you add a suffix to a word, you change its meaning and make a new word.

fast + **er** = fast**er**   sad + **ness** = sad**ness**

joy + **ful** = joy**ful**   hope + **less** = hope**less**

suffix	meaning	example
-er	more	faster
-est	most	fastest
-ible / -able	able to be	possible eatable
-hood	nouns of state or condition	childhood
-ness	nouns of state or condition	kindness

Some suffixes can change a word into a different **word class**.

The word class tells us the job the word does in a sentence, such as a noun or a verb.

teach (verb) + **er** = teach**er** (noun)

apolog~~y~~ (noun) + **ize** = apolog**ize** (verb)

quick (adjective) + **ly** = quick**ly** (adverb)

Spelling

suffixes

EASY TO REMEMBER

-able or **-ible**?

More words end in **-able** than **-ible**. A useful way of checking your spelling is to see if you have a root word left after taking off the **-able**. If not, then the ending is usually **-ible**.

✓ ~~eat~~able = eat → ✓ eatable

✗ ~~poss~~ible = poss → ✓ possible

For some words that end in **-y**, take the **-y** away before adding **-able**.
miser~~y~~ + **able** = miser**able**

For other words that end in **-y**, change the **-y** to **-i** before adding **-able**.
env~~y~~ → **i** + **able** = env**iable**

EASY TO REMEMBER

When using **-er** to make a noun, use the same spelling rules as for adding **-er** to adjectives: double a single consonant letter after a single vowel letter:

run + **n** + **er** = run**ner**
swim + **m** + **er** = swim**mer**

If a verb ends in a consonant + **-e**, take off the **-e** and add **-er**.

rid~~e~~ + **er** = rid**er**
strik~~e~~ + **er** = strik**er**

81

Spelling

suffixes

These suffixes can be used to change **verbs** into **nouns**.

suffix	meaning	verb	noun
-er	a person or thing that does something	teach	teacher
-or	a person or thing that does something	act	actor
-ment	nouns of action or purpose	enjoy	enjoyment
-ant / -ent	someone who does something	attend	attendant
-tion / -ation	nouns of action or condition	direct inform	direction information

These suffixes can be used to change **nouns** into **verbs**.

suffix	noun	verb
-ate	pollen	pollinate
-ise or -ize	apology	apologise apologize
-ify	note	notify

These suffixes can be used to make **adjectives**.

suffix	meaning	example
-ous	characterized by	dangerous
-ful	full of	playful
-less	not having / without	fearless

WATCH OUT!

The suffix meaning full is **-ful**, with just one l.

Spelling

The suffix **-ly** can be used to change **adjectives** into **adverbs**.

quick + **ly** = quick**ly**   sudden + **ly** = sudden**ly**

If the adjective ends in a consonant + **-y**, you usually change the **y** to **i** and then add **-ly**.

happy → **i** + **ly** = happ**ily**   hungry → **i** + **ly** = hungr**ily**

If the adjective ends in **-le**, remove the **-le** before adding **-ly**.

unbelievable + **ly** = unbelievab**ly**

These suffixes can be used to make **adjectives** and **nouns**.

suffix	adjective	noun
-al	historical	arrival
-ary	military	dictionary
-ic	rhythmic	mechanic
-ive	attractive	operative

WATCH OUT!

When adding the suffix **-y**, use the same spelling rules as for adding **-er**: double a single consonant letter after a single vowel letter.
sun + **n** + **y** = sun**ny**
spot + **t** + **y** = spot**ty**

If a word ends in a consonant + **-e**, take off the **-e** and add **-y**.
bone + **y** = bony

suffixes

83

Spelling

Spelling suffixes

> **Spelling rule**
>
> The sound 'shun' can be spelled in different ways. The endings you need to choose between are **-ion** and **-ian**. The last letter of the root word tells you to put **t**, **s**, **ss** or **c** in front of these.

For words ending in **-t** or **-te**, use **-tion**.

colle~~c~~t + **tion** = collec**tion**   loca~~te~~ + **tion** = loca**tion**

For words ending in **-ss** or **-mit**, use **-ssion**.

posse~~ss~~ + **ssion** = posse**ssion**   permi~~t~~ + **ssion** = permi**ssion**

For words ending in **-d**, **-de** or **-se**, use **-sion**.

expan~~d~~ + **sion** = expan**sion**   revi~~se~~ + **sion** = revi**sion**

For words ending in **-c** or **-cs**, use **-cian**.

magi~~c~~ + **cian** = magi**cian**   politi~~cs~~ + **cian** = politi**cian**

> **WATCH OUT!**
>
> Exceptions are **intention** and **attention**. The root words are **intend** and **attend** but they add **-tion**.

Spelling

EASY TO REMEMBER

If a suffix sounds like 'zhun' then it is always spelled **-sion**.

colli**sion**   televi**sion**   deci**sion**   revi**sion**

Spelling rule

It is not always easy to know whether to use **-ent**, **-ence** or **-ency**, or **-ant**, **-ance** or **-ancy**. Here are some tips to help you.

-ent, **-ence** or **-ency** often follow a **soft c**, **soft g** or **qu**.

inno**cent**   inno**cence**   intelli**gent**   intelli**gence**

frequ**ent**   frequ**ency**

Use **-ant**, **-ance** or **-ancy** if you know there is a related word that ends in **-ation**.

hesit**ation**   hesit**ant**   hesit**ancy**

toler**ation**   toler**ant**   toler**ance**

observ**ation**   observ**ant**   observ**ance**

EASY TO REMEMBER

Try to think of clever ways to remember the correct ending.

Curr**ent** or curr**ant**? Electric current has an **e**; the other is a currant bun!

suffixes

Spelling

suffixes

> ### Spelling rule
>
> The sound 'shul' can be spelled **-cial** or **-tial**. A useful guide is that you often use **-cial** after a vowel. You often use **-tial** after a consonant.
>
> spe**cial**   so**cial**   offi**cial**
>
> essen**tial**   par**tial**   presiden**tial**

> ### WATCH OUT!
>
> Look out! There are lots of exceptions!
>
> finan**cial**   ini**tial**   spa**tial**

Spelling

Spelling rule

The 'shus' sound can be spelled **-cious** or **-tious**. You usually use **-cious** if the root word ends in **-ce**.

spa**ce**	spa**cious**	caution	cau**tious**
gra**ce**	gra**cious**	infect	infec**tious**

Spelling rule

The 'zhuh' sound at the end of a word is spelled **-sure**.

The 'chuh' sound at the end of a word is spelled **-ture**.

trea**sure**	plea**sure**	mea**sure**
pic**ture**	adven**ture**	mix**ture**

WATCH OUT!

Be careful! The 'chuh' sound can also be made by the letter group **-cher** at the end of a word.

tea**cher**   ri**cher**   cat**cher**

suffixes

Spelling

apostrophes

Using apostrophes

Did you eat all those apples?

*No, I **didn't**!*

Apostrophes can show when a word has been made shorter by dropping one or more letters. This is called a **contraction**. You usually use contractions in informal writing or when writing direct speech.

I am = I'm

could not = couldn't

you have = you've

did not = didn't

we are = we're

she will / she shall = she'll

See pages 60 and 61 for more on the apostrophe.

WATCH OUT!

Be careful not to confuse these words!

it's (it is or has) **and** its

you're (you are) **and** your

who's (who is or has) **and** whose

we're (we are) **and** were

Spelling

Apostrophes are also used to show when someone or something owns something. For most of these nouns you add an **apostrophe** followed by an **-s**.

Tom**'s** trains

The trains belong to Tom.

EASY TO REMEMBER

BUT when the noun is plural and already ends in **-s** you just add the apostrophe.

The birds**'** apples

The apples belong to both birds.

WATCH OUT!

Some plurals are irregular and do not end with **-s**. For some of these, you need to add an **apostrophe** followed by **-s**.

children + **'s** = children's

The children**'s** playground is closed.

apostrophes

Spelling

Homophones

Homophones are words that have the same pronunciation but different meanings, origins or spelling.

It is easy to use the wrong homophone. It is important to choose the right word.

This is my **new** friend.

I **knew** it would be fun having a friend.

Easy to confuse

new	knew	no	know	right	write
through	threw	hole	whole	great	grate
for	four	heard	herd	see	sea
be	bee	blue	blew	bare	bear
one	won	cheap	cheep	night	knight

WATCH OUT!

Be careful not to confuse **their**, **they're** and **there**.

It is **their** house.   **Their** means 'belonging to them'.

They're going to the house.   **They're** means 'they are'.

There is the house.   **There** shows place or position.

Spelling

Homographs

Homographs are words that are spelled the same but not necessarily pronounced the same and have different meanings and origins.

We are **rowing** a boat.

We are **rowing** about the boat.

Some examples of homographs

bow	Tie a **bow** in your hair.
	Take a **bow** after your performance.
tear	There is a **tear** in my eye.
	I **tear** the page out of the book.
wind	I **wind** my scarf around my neck.
	The leaves flutter in the **wind**.
rose	My favourite kind of flower is a **rose**.
	I **rose** late and had to run to school.

WATCH OUT!

Some words are not exactly the same but they are still easy to confuse, e.g. **accept** and **except**, and **loose** and **lose**. You can find information about these words in the Dictionary section of this book.

91

Spelling

Silent letters

Some words have silent letters in them. There are some rules to help you but it is a good idea to try to learn them.

Spelling rule

Silent **l** can follow vowels **a**, **o** and **ou**.	ta**l**k cha**l**k ca**l**m ha**l**f ca**l**f sa**l**mon yo**l**k fo**l**k shou**l**d wou**l**d cou**l**d
Silent **b** can come after **m** or come before **t**.	plum**b** dum**b** num**b** bom**b** tom**b** lam**b** thum**b** crum**b** de**b**t dou**b**t
Silent **k** can come before **n**.	**k**now **k**neel **k**not **k**nock **k**night **k**nife **k**nob **k**nickers **k**nit **k**nee **k**nuckle
Silent **g** can come before **n**.	**g**nomes **g**nat **g**naw **g**narled
Silent **n** can follow **m**.	solem**n** colum**n**
Silent **w** can come before **r**.	**w**rite **w**rong **w**rist **w**reck **w**retch **w**rinkle **w**rapper **w**restle
Silent **p** can come before **n**, **s** or **t**.	**p**neumatic **p**salm **p**terosaur
Silent **h** can follow **w**, **r** and **c**.	w**h**eat w**h**ale w**h**ine w**h**irl w**h**en w**h**y w**h**ere w**h**at r**h**ino c**h**emist c**h**ord r**h**ubarb

WATCH OUT!
s**w**ord and ans**w**er also have a silent **w**

WATCH OUT!
Some words start with a silent **h**.
honest **h**our **h**eir

Spelling

> **WATCH OUT!**
>
> Silent **t** comes between a single vowel letter and **ch**, in words like **catch**, **fetch** and **pitch**.
>
> Exceptions are **rich**, **much**, **such** and **which** and words where **ch** makes a different sound e.g. **brochure** and **technology**.

More spelling rules

Soft g and soft c

What happens when you add **i**, **e** or **y** to a **g** or a **c**?

The **g** usually becomes a 'j' sound.
giraffe   **ge**rm   **gy**m

The **c** becomes an 's' sound.
circus   **ce**ntre   **cy**cle

How to spell the 'dz' sound at the end of a word

The letter **j** is very rarely seen at the end of a word. If it is straight after a short vowel, the 'dz' sound is nearly always spelled **-dge**.
ba**dge**   he**dge**   bri**dge**   splo**dge**   bu**dge**

Otherwise, at the end of a word it is spelled **-ge**.
oran**ge**   bar**ge**   hu**ge**   stran**ge**   crin**ge**

> **WATCH OUT!**
>
> These words rhyme with **fridge** but end in **-age**.
> vill**age**   pass**age**   langu**age**   gar**age**

Spelling

more spelling rules

How to spell the 'v' sound at the end of a word

The letter **v** is very rarely seen at the end of a word. Words that end with a 'v' sound nearly always end with **-ve**.

gi**ve**   ha**ve**   lo**ve**   mo**ve**

When a sounds like 'o'

Usually the letter **a** sounds like 'o' when it has a **w** in front of it.

was   s**wa**mp   **wa**sp   s**wa**llow   **wa**nder   s**wa**t   **wa**nt
s**wa**n   **wa**sh   **wa**tch   **wa**llet

Usually the letter group **ar** sounds like 'or' when it has a **w** in front of it.

war   s**war**m   **war**n   re**war**d   to**war**ds

The sounds made by the letter group ough

Lots of words are spelled with the letter group **ough**, but they can sound very different from each other. This table shows you the different sounds these letters can make. Some of these words are very common.

the 'aw' sound	the 'oa' sound	the 'oo' sound	the 'uh' sound	the 'ow' sound	the 'off' sound	the 'uff' sound
ought	th**ough**	thr**ough**	thor**ough**	pl**ough**	c**ough**	r**ough**
b**ough**t	alth**ough**		bor**ough**	b**ough**	tr**ough**	t**ough**
th**ough**t	d**ough**					en**ough**
n**ough**t						

Spelling

When y makes the short 'i' sound in 'gym'

Some words use a letter **y** to represent the short 'i' sound. You need to learn these words as you come across them. Here are some examples:

gym   mystery   cymbal   system   syllable   typical   rhythm

When que and gue sound like 'k' and 'g'

-**que** and -**gue** at the end of words can sound like 'k' and 'g'.

antique   unique

dialogue   tongue   league

The sounds made by the letter group ou

Lots of words are spelled with the letter group **ou**, but they can sound very different from each other. This table shows you the different sounds these letters can make. Lots of these words are ones you use often.

the 'ow' sound	the 'oo' sound	the 'or' sound	the 'uh' sound
out	you	four	young
house	group	pour	double
mouse		your	trouble
about			country

more spelling rules

Spelling

more spelling rules

Tricky letters

The letter group **ch** sometimes makes a 'k' sound.	s**ch**ool **ch**orus **ch**emist
The letter group **ph** makes an 'f' sound.	**ph**rase **ph**otogra**ph**
The letter group **ch** sometimes makes a 'sh' sound.	**ch**ateau **ch**ef bro**ch**ure
The letter group **sc** sometimes makes an 's' sound.	**sc**ience **sc**ene fa**sc**inate

The endings el, le or al

-le is a more common ending than **-el** and **-al**, especially in two-syllable words.

The ending **-le** often comes after a letter with an ascender (**b**, **d**, **k**).
ab**le**   midd**le**   cand**le**   chuck**le**

The ending **-le** is also often preceded by letters with a descender (**y**, **g**).
gigg**le**   ang**le**   sty**le**

The ending **-le** comes after a hard **c** or hard **g** sound:
unc**le**   gigg**le**   ang**le**

The ending **-el** often comes after **m**, **n**, **r**, **s**, **v** or **w**, or after a soft **c** or soft **g** sound.
cam**el**   tunn**el**   squirr**el**   tins**el**   trav**el**   tow**el**
parc**el**   ang**el**

The ending **-al** often comes after **d**, **b** or **t**.
ped**al**   cannib**al**   med**al**   met**al**   pet**al**

Spelling

Top tips!

If you are unsure of how to spell a word there are tips that can help you.

1 Segment the word into its individual phonemes – break up the word into its sounds.

2 Clap the syllables of the word.

3 Is it a compound word, a word made up of two words such as **play + ground**? Split the word up!

4 Make up a mnemonic for a word you find difficult.

> **because** – **b**ig **e**lephants **c**an **a**lways **u**nderstand **s**mall **e**lephants

5 Think of any rhymes that might help.

q is usually followed by **u** (e.g. **qu**een, **qu**iet)

i before **e** except after **c** when the sound is **'ee'** (e.g. bel**ie**ve, dec**ei**ve)

e before **i** is always the way when the sound is **'ay'** (e.g. n**ei**ghbour, w**ei**gh)

Spelling

spelling tips

6 Remember that many words have unstressed syllables. For instance, if you read the following words aloud, you will notice that in some syllables (the stressed syllables) you can hear the vowel clearly, and in some (the unstressed syllables) you cannot:

sist**er**   hard**er**   teach**er**

ph**o**tograph   **o**bserv**a**nt

> Knowing about letter patterns and spelling rules can help with spelling unstressed syllables.

7 Think of word families (related words). Word families are related to each other by spelling, grammar and meaning. When you know how to spell one member of the family, you can use it to help spell other words.

medicine   medicinal
write   writer
noise   noisy   noiseless
extend   extensive
photograph   photographer

Sometimes thinking of other words in a word family can help you to spell a word with an unstressed syllable. For instance, in **medicine** the first **i** is not always clearly pronounced, but the sound of this letter is clearly heard in **medicinal**.

8 Use the next part of this book, the Spelling dictionary, to look up your word. You will find extra help at the most tricky spellings. This will help you to remember the correct spelling so that you can get it right next time!

How to use this dictionary — Dictionary

Some words are **tricky to spell correctly**. This dictionary section contains only the words which are most **often confused** or are **difficult to remember how to spell**. There are lots of tips and hints to help you to get it right every time!

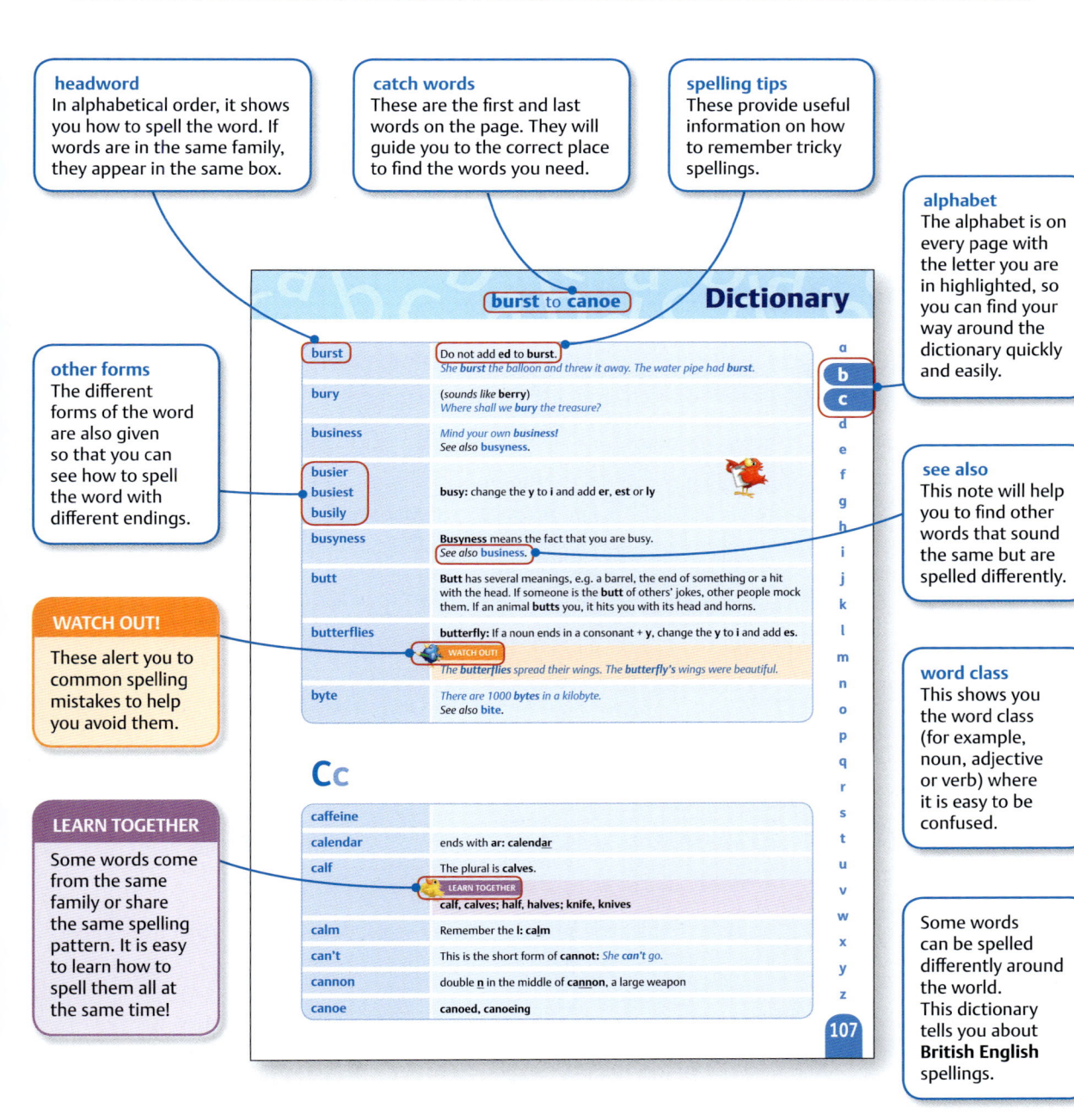

headword
In alphabetical order, it shows you how to spell the word. If words are in the same family, they appear in the same box.

catch words
These are the first and last words on the page. They will guide you to the correct place to find the words you need.

spelling tips
These provide useful information on how to remember tricky spellings.

alphabet
The alphabet is on every page with the letter you are in highlighted, so you can find your way around the dictionary quickly and easily.

other forms
The different forms of the word are also given so that you can see how to spell the word with different endings.

see also
This note will help you to find other words that sound the same but are spelled differently.

WATCH OUT!
These alert you to common spelling mistakes to help you avoid them.

word class
This shows you the word class (for example, noun, adjective or verb) where it is easy to be confused.

LEARN TOGETHER
Some words come from the same family or share the same spelling pattern. It is easy to learn how to spell them all at the same time!

Some words can be spelled differently around the world. This dictionary tells you about **British English** spellings.

Dictionary — burst to canoe

burst	Do not add **ed** to **burst**. *She **burst** the balloon and threw it away. The water pipe had **burst**.*
bury	*(sounds like **berry**)* *Where shall we **bury** the treasure?*
business	*Mind your own **business**!* See also **busyness**.
busier busiest busily	**busy**: change the **y** to **i** and add **er**, **est** or **ly**
busyness	**Busyness** means the fact that you are busy. See also **business**.
butt	**Butt** has several meanings, e.g. a barrel, the end of something or a hit with the head. If someone is the **butt** of others' jokes, other people mock them. If an animal **butts** you, it hits you with its head and horns.
butterflies	**butterfly**: If a noun ends in a consonant + **y**, change the **y** to **i** and add **es**. **WATCH OUT!** *The **butterflies** spread their wings. The **butterfly's** wings were beautiful.*
byte	*There are 1000 **bytes** in a kilobyte.* See also **bite**.

Cc

caffeine	
calendar	ends with **ar**: calend**ar**
calf	The plural is **calves**. **LEARN TOGETHER** calf, calves; half, halves; knife, knives
calm	Remember the **l**: ca**l**m
can't	This is the short form of **cannot**. *She **can't** go.*
cannon	double **n** in the middle of **cannon**, a large weapon
canoe	canoed, canoeing

107

99

Dictionary   absolutely to allowed

Aa

absolutely	absolute + ly
accept	If you **accept** something, you take it. See also **except**.
accident	a**cc**ident
accidentally	a**cc**ident + al + ly
accommodation	double **c**, double **m**: a**cc**o**mm**odation
accompany	accompanies, accompanied
according to	
ached aching	**ache**: remove the **e** and add **ed** or **ing**
achieve	achieving, achieved **i** before **e** except after **c** when the sound is /**ee**/
achievement	ach**ie**ve + ment
actually	actual + ly *I quite like baked beans. **Actually**, I really like them.*
address	double **d**, double **s**: a**dd**re**ss**
adventure	ad + vent + ure
advice NOUN advise VERB	If someone gives you **advice**, they **advise** you.
affect VERB	Something that **affects** you has an **effect** on you.
again	a + gain
against	a + gain + st
aggressive	double **g**, double **s**: a**gg**re**ss**ive
aisle	An **aisle** is a passage between rows of seats, or between rows of goods in a supermarket. See also **isle**.
alliteration	al + lit + er + ation or all + it + er + ation
allowed	If you are **allowed** to do something, you have permission to do it. See also **aloud**.

Dictionary
all right to anywhere

all right	In formal writing, write this as two words. In informal writing you can use the form *alright*, with one *l*.
all together	**All together** (two words) means 'together in a group': *We wanted a photo of us **all together**.*
almost	This is one word.
aloud	**Aloud** means 'out loud', or so that you can be heard. See also **allowed**.
altar	An **altar** is a raised surface in religious ceremonies.
alter	If you **alter** something, you change it.
although	This is one word.
altogether	**Altogether** is written as one word and means 'in total' or 'completely': *There were six of us **altogether**. We had run out of water **altogether**.*
always	
amateur	
ancient	
answer	*Swipe to **answer** your phone. He gave me a sweet answer.*
answered	an**sw**er + **ed**
antenna	**WATCH OUT!** There are two plural forms, which are used differently. **Antennae** are the feelers on the heads of insects and other creatures. **Antennas** are aerials.
anxiety	an + xi + ety
anxious	an + xi + ous
anybody	
anyhow	
anyone	These are all written as one word.
anything	
anyway	
anywhere	

101

Dictionary — apparently to auntie

apparently	apparent + ly	
appeared	appear + ed	
appendix	**WATCH OUT!** There are two plural forms, which are used differently. A book's **appendices** are extra sections at the end. People's **appendixes** are body parts.	
appreciate	appreciate	
aren't	are + n't n't = not We **aren't** going.	Remember the **e** and the apostrophe.
argued arguing	**arg**ue: remove the **e** and add **ed** or **ing**	
argument	There is no **e** in arg**u**ment.	
arrived arriving	a**rr**ive: remove the **e** and add **ed** or **ing**	
artificial	**LEARN TOGETHER** artifi<u>cial</u>, offi<u>cial</u>	
ascend	**LEARN TOGETHER** a<u>sc</u>end, a<u>sc</u>ent, de<u>sc</u>end, de<u>sc</u>ent	
ascent	An **ascent** is a climb up something.	
assent	A<u>ss</u>ent is agreement.	
assistance	assist + ance	
assistant	assist + ant	
as well	This is two words.	
ate	*I usually **eat** toast for breakfast. Yesterday I **ate** cereal instead.*	
attach	ends with **ach**: att**ach**	
attempt	Remember the **p**: attempt	
audience	**audi + ence**: The words **audience** and **audio** both come from a Latin word meaning 'to hear'.	
auntie *or* aunty	The plural is **aunties**.	

author to bass — Dictionary

author	ends with **or**: auth**or**
autumn	**LEARN TOGETHER** aut**umn**, aut**umn**al
available	
average	av + er + age
awful	The words **awe** and **awesome** have an **e**, but there is no **e** in **awful**.
awkward	awk + ward
axe	

Bb

bacteria	**Bacterium** is the singular form.
bail	This is how to spell **bail** paid instead of jail, as well as the **bails** in cricket.
bale	This is how to spell **hay bales** or **bales of straw**.
ballet	(*say* **bal**-ay) *a **ballet** dancer*
balloon	double **l**, double **o**: ba**lloon**
ballot	*We voted in a secret **ballot**.*
bare	**Bare** means 'naked or not covered'. See also **bear**.
bargain	**LEARN TOGETHER** barg**ain**, capt**ain**, cert**ain**, mount**ain**, vill**ain**
base	Something's **base** is its lowest part, or the place from which it is controlled. To be **based** on something is to have it as a starting point. See also **bass**.
basically	basic + al + ly
bass	(*rhymes with* **mass**) **Bass** is a type of fish.
bass	(*say* **bay**ss) A **bass** voice or instrument is very low. See also **base**.

103

Dictionary — bath to biscuit

bath	Dad went to clean the **bath**.	
bathe	(*say* **bay**th) We **bathed** the wound. The sun was **bathing** the room in light. We went for a **bathe** in the sea.	
beach	A **beach** is a sandy area beside the sea. See also **beech**.	
bean	This is how to spell **beans** that you eat. See also **been**.	
bear	A **bear** is an animal. If you **bear** something, you carry it or put up with it. See also **bare**.	
beautiful	**beauty:** change the **y** to **i** and add **ful**	
because	**be + cause**	
become	**becoming, became**	
beech	A **beech** is a type of tree. See also **beach**.	
been	I have **been** to a meeting. See also **bean**.	
before	**be + fore**	
beginning	**begin + n + ing**	
behaviour		
belief	**i** before **e** except after **c** when the sound is /**ee**/	
believe	**believed, believing** **i** before **e** except after **c** when the sound is /**ee**/	
bellow	The cattle began to **bellow**.	
below	Gran lived in the flat **below**.	
beneath		
beware	This word is only used as a command. It never has **-s**, **-ing** or **-ed** added to it: **Beware** of the dog.	
bicycle		
biscuit	**bis + cu + it**	

bite to bow — Dictionary

bite	**bit, bitten** 'Bited' is incorrect. The dog **bit** me! I was **bitten** by the dog.
bite	She took a few **bites** of cake. See also **byte**.
bleed	**bleeding, bled**
blew	I **blew** out the candles on my cake. See also **blue**.
blood	(rhymes with **mud**)
	LEARN TOGETHER bl**ood**, fl**ood**
blow	**blew, blown**
blue	My favourite colour is **blue**. See also **blew**.
board NOUN	A **board** is a flat surface or a flat piece of wood.
bored ADJECTIVE	You feel **bored** when you find something dull and uninteresting.
born	James was **born** a year later.
borne	She had **borne** three sons.
borough	**LEARN TOGETHER** b**orough**, th**orough**
bough	(rhymes with **cow**) A **bough** is part of a tree. See also **bow**.
bought	I **bought** this book online.
boulder	**LEARN TOGETHER** b**oulder**, sh**oulder**
boundary	The letter after the **d** is **a**: bound**a**ry. The plural is **boundaries**.
bow	(rhymes with **cow**) You take a **bow** when you are performing. See also **bough**.
bow	(rhymes with **go**) A **bow** is a knot with loops.

105

Dictionary — brake to burnt

brake	Check the **brakes** on your bike. You need to **brake** before the corner. See also **break**.
breadth	We travelled the length and **breadth** of the country.
break	If you **break** that plate, Mum will be cross. We went to see the teacher at **break**. See also **brake**.
breath	He was out of **breath**.
breathe	**breathed, breathing** He found it hard to **breathe**.
bridal ADJECTIVE	**Bridal** means 'to do with a bride'.
bridle NOUN, VERB	A **bridle** is part of a horse's harness; to **bridle** a horse is to put a bridle on it. To **bridle** at something is to show that it upsets you.
brilliant	
broccoli	double **c** but single **l**: bro**cc**o**l**i
brochure	
bronze	ends with **e**: bronz**e**
brother	
brought	Our teacher **brought** her dog to school.
bruise	
bruised	
build	
builder	
building	
built	
bully	**bullies, bullied**
bullying	**bullying**: keep the **y** in **bully** when you add **ing**
buried	We **buried** the treasure under a tree.
buries	**bury**: change the **y** to **i** and add **ed** or **es**
burned VERB	Who **burned** / **burnt** the toast?
burnt ADJECTIVE, VERB	I hate **burnt** toast!

Burnt can be used an adjective or a verb. **Burned** is only used as a verb.

burst to canoe — Dictionary

burst	Do not add **ed** to **burst**. She **burst** the balloon and threw it away. The water pipe had **burst**.
bury	(sounds like **berry**) Where shall we **bury** the treasure?
business	Mind your own **business**! See also **busyness**.
busier **busiest** **busily**	**busy:** change the **y** to **i** and add **er**, **est** or **ly**
busyness	**Busyness** means the fact that you are busy. See also **business**.
butt	**Butt** has several meanings, e.g. a barrel, the end of something or a hit with the head. If someone is the **butt** of others' jokes, other people mock them. If an animal **butts** you, it hits you with its head and horns.
butterflies	**butterfly:** If a noun ends in a consonant + **y**, change the **y** to **i** and add **es**. **WATCH OUT!** The **butterflies** spread their wings. The **butterfly's** wings were beautiful.
byte	There are 1000 **bytes** in a kilobyte. See also **bite**.

Cc

caffeine	
calendar	ends with **ar**: calend**ar**
calf	The plural is **calves**. **LEARN TOGETHER** calf, calves; half, halves; knife, knives
calm	Remember the **l**: ca**l**m
can't	This is the short form of **cannot**: She **can't** go.
cannon	double **n** in the middle of ca**nn**on, a large weapon
canoe	**canoed, canoeing**

Dictionary — captain to changeable

captain	
capture	
careful	car**e** + **ful** The suffix **-ful** has one **l**.
carefully	car**e** + **ful** + **ly**
catch	
category	The plural is **categories**.
cattle	ends with **le**: catt**le**
caught	If what you did is **catch** something, you **caught** it. See also **court**.
cautious	**cau** + **ti** + **ous**
ceiling	c**ei**ling **i** before **e** except after **c** when the sound is /ee/
cell	(*sounds like* **sell**) A **cell** is a small room or a very small part of a living thing.
cemetery	The plural is **cemeteries**.
censor	To **censor** films, books, etc. is to make sure they have no unsuitable parts; a **censor** is a person who does this. A **sensor** is a device for detecting something.
centilitre	centili**tre**
centimetre	centime**tre**
centre	ends with **re**: cent**re**
centuries	**century**: change the **y** to **i** and add **es**
cereal	*I ate a bowl of cereal whilst watching a serial on TV.*
ceremonies	**ceremony**: change the **y** to **i** and add **es**
certain	If you are **certain**, you are sure. See also **curtain**.
certainly	cert**ai**n + **ly**
chalet	(*say* **shal**-ay)
changeable	**change** + **able**

Dictionary
character to cities

character	If you <u>act</u> in a play, you are one of the **characters**.
chariot	
chauffeur	(*say* **shoh-**fer)
cheap	**Cheap** means not expensive. A **cheep** is a short high sound; to **cheep** is to make this sound.
cheese	
cheetah	
chef	(*say* **shef**)
chemical	
chemist	
chief	
children	plural of **child**
chimney	The plural is **chimneys**.
chocolate	**choc + o + late**
choice	
choose	**chose, chosen**
chord	A **chord** in music is a group of notes played together. See also **cord**.
chorus	
christen	
chute	(*sounds like* **shoot**) A **chute** is a channel for sliding down. See also **shoot**.
circle	ends with **le**: cir**cle**
circular	**LEARN TOGETHER** circul**ar**, angul**ar**, triangul**ar**, regul**ar**, popul**ar**
circumference	The prefix **circum** means 'around'.
cities	**city:** change the **y** to **i** and add **es**

109

Dictionary   clause to compare

clause	A **clause** is part of a sentence or contract. Animals have **claws**.	
climate	**cli** + **mate**	
climb	ends with silent **b**: clim**b**	
climbed	clim**b** + **ed**	
cloak		
close VERB	(*say* klohz)	
close ADJECTIVE	(*say* klohss) Add **ly** to make the adverb: close**ly**	
clothes	*She was wearing her new **clothes**.*	
clothing	*Several items of **clothing** were left in the classroom.*	
coarse	C**oa**rse means rough. See also **course**.	
colonel	(*sounds like* **kernel**) A **colonel** is an army officer. See also **kernel**.	
colony	The plural is **colonies**. *Some of the buildings had **colonies** of bats in them.*	
colour		
coloured	col**ou**r + **ed** *A brightly **coloured** bird hopped into sight. I've **coloured** in my drawing.*	
column	ends with silent **n**: colum**n** **LEARN TOGETHER** colum**n**, autum**n**	
comb	ends with silent **b**: com**b**	
comfortable	**com** + **fort** + **able**	
committee	double **m**, double **t** and double **e**: co**mmittee**	
communicate		
community	The plural is **communities**.	
compare	**LEARN TOGETHER** **compare**, **comparative**, **comparison**	

110

Dictionary
compete to cosily

compete	If you enter a **competition**, you **compete** in it.
competition	
complement	A **complement** completes something. See also **compliment**.
complete	com + plete
completely	com + plete + ly
compliment	A **compliment** is something good that you say about someone. See also **complement**.
comprehension	
conceive	
confusion	
conker	**Conkers** grow on horse chestnut trees.
conquer	To **conquer** is to win a battle or overcome a feeling.
conscience	con + science
conscious	con + sci + ous
consider	
considerable	consider + able
continue	
controversy	
convenience	
cord	A **cord** is a piece of thin rope. See also **chord**.
correspond	
correspondence	
corridor	
cosier	
cosiest	**cosy:** change the **y** to **i** and add **er**, **est** or **ly**
cosily	

Dictionary   couch to cries

couch	**LEARN TOGETHER** **ouch! couch, crouch, voucher**
cough	(*say* **kof**)
could	**LEARN TOGETHER** c**ould**, sh**ould**, w**ould**
couldn't	**could + n't** **n't = not** She **couldn't** go.
council NOUN	The **local council**, or the **school council**, is a group of people that organizes things.
counsel NOUN, VERB	In a law court, **counsel** are lawyers. **Counsel** also means advice, or to give advice.
country	France and Spain are **coun**t**ries**.
county	Cornwall and Aberdeenshire are **coun**t**ies**.
courageous	**courage + ous**
course	**Of course!** A **course** is a series of things. See also **coarse**.
court	This is how to spell a **law court** or a **tennis court**. See also **caught**.
covered	**cover + ed**
creak	To **creak** is to make a sound like a stiff door opening; a **creak** is a sound like this. See also **creek**.
created creating	**create:** remove the **e** and add **ed** or **ing**
creation	
creek	A **creek** is a stream or channel of water. See also **creak**.
creep	**crept**
critical criticism criticize *or* criticise	These words all start with **critic**. Some words can be written with **-ise** at the end or **-ize**.
cried cries	**cry:** change the **y** to **i** and add **ed** or **es**

Dictionary
cue to decide

cue	A **cue** is a reminder, or a stick used in snooker. See also **queue**.
cupboard	The **p** is silent: **cup** + **board**
curb	To **curb** a feeling is to hold it in. See also **kerb**.
curiosity	
curious	
currant NOUN	A **currant** is a small dried grape or a type of berry.
current NOUN, ADJECTIVE	A **current** is a flow of water, air or electricity. Something that is **current** is happening now.
curtain	A **curtain** is material that hangs in front of a window. See also **certain**.
cymbal	A **cymbal** is a musical instrument. See also **symbol**.

Dd

dangerous	**danger** + **ous**
daring	
data	
daughter	
deaf	
dear	**Dear** means loved or expensive. See also **deer**.
deceive	dec**ei**ving, dec**ei**ved
i before **e** except after **c** when the sound is /ee/
decide	decided, deciding
LEARN TOGETHER
d**ecide**, d**ecision**

113

Dictionary   decimal to descend

decimal	
decoration	
deed	
deer	This is how to spell the animal. The plural is also **deer**. *See also* **dear**.
defeat	
defence	**de + fence**
defend	**de + fend**
definite	**de + fin + ite** Add **ly** to make the adverb: **definitely**
degree	
delay	
delicious	
delight	**delighted, delightful**
delivery	The plural is **deliveries**.
denied denies	**deny:** change the **y** to **i** and add **ed** or **es**
depart	**de + part**
departure	**depart + ure**
depend	**de + pend**
dependable	
dependence	*The school's* **dependence on** *parents' help is clear.*
dependent	*The school is* **dependent on** *parents' help.*
depth	
descend	**LEARN TOGETHER** a<u>sc</u>end, a<u>sc</u>ent, de<u>sc</u>end, de<u>sc</u>ent

114

descent to **dialogue** # Dictionary

descent	A **descent** is a climb downwards. See also **dissent**.
describe	de + scribe
description	de + script + ion
desert	(say **dez**-ert) The land was a **desert**.
desert	(say diz-**ert**) I will not **desert** you.
deserted	The whole place was **deserted**. The others **deserted** us.
deserts	(say diz-**erts**) The baddies got **their just deserts**.
deserve	de + serve
design	The **g** is silent in **design** and **designer**, but you can hear it in the related word **designated**.
despair	
desperate	des + per + ate Add **ly** to make the adverb: **desperately**
dessert	Do you want ice cream for **dessert**?
determination	
determined	
developed	develop + ed
development	
device	Try logging in from a different **device**.
devise	We **devised** a new plan.
dew	There was **dew** on the grass. See also **due**.
dialogue	**LEARN TOGETHER** cata**logue**, dia**logue**, syna**gogue**

a b c **d** e f g h i j k l m n o p q r s t u v w x y z

115

Dictionary diamond to discreet

diamond	di + a + mond
diarrhoea	
dice	
dictionary	
didn't	did + n't n't = not She **didn't** go.
die	*If you don't water that plant, it will **die**.* A **die** is one of a set of dice. See also **dye**.
difference	diff**er** + ence
different	diff**er** + ent
difficult	
difficulty	The plural is **difficulties**.
dilemma	double **m**: dile**mm**a
diner	A **diner** is a person or place. See also **dinner**.
dining room	
dinner	**Dinner** is a meal. See also **diner**.
dinosaur	
disappeared	dis + appear + **e**d
disappoint	dis + a**pp**oint
disappointment	
disastrous	There is no **e** in **disastrous**.
disc	You can use this spelling for all senses, although **computer disks** are usually spelled with a **k**. See also **disk**.
discipline	dis + cip + line
discovery	discover + y
discreet	If you are **discreet**, you can keep a secret. **Discrete** means 'separate'.

discussed to dragon — Dictionary

discussed	**discuss** + **ed**	We **discussed** what to do.
disguise		
disgust	*The teacher had a look of **disgust** on his face.*	
disk	This is the usual way to spell a **computer disk**. For other senses, the usual spelling is **disc**. See also **disc**.	
dissent	**Dissent** is disagreement; to **dissent** is to disagree. See also **descent**.	
distinct		
distinctive		
divide		
division		
do		
doctor	ends with **or**: doct**or**	
doe	A **doe** is a female deer. See also **dough**.	
does	**do** + **es** = **does**	
doesn't	**does** + **n't** **n't** = **not** He **doesn't** want to go.	
dolphin		
don't	**do** + **n't** **n't** = **not** I **don't** want to go.	
doubt	The **b** is silent: dou**b**t	
dough	**Dough** is a mixture of flour and water. See also **doe**.	
doughnut		
dozen		
draft	This is how to spell a first **draft**, or **drafting** your work. See also **draught**.	
dragon	**LEARN TOGETHER** d**ragon**, fl**agon**, w**agon**	

117

Dictionary — dramatically to dying

dramatically	**drama + tic + al + ly**
draught	This is how to spell a **draught** of air. See also **draft**.
draw	Can I **draw** a picture? The game ended in a **draw**.
drawer	Look in the top **drawer** of the chest.
drawn	He's **drawn** a picture.
dreadful	**dread + ful**
dream	
dreamed or **dreamt**	
drew	He **drew** a great picture yesterday.
drier	**Drier** means 'more dry'. See also **dryer**.
driest	This has been the **driest** period all year.
drive	**drove, driven**
dropped **dropping**	**drop**: double the **p** and add **ed** or **ing**
dryer	A **dryer** or **drier** is a thing that dries something. See also **drier**.
dual	**Dual** means 'double'. See also **duel**.
due	Your payment is **due**. The match was cancelled **due to** the rain. See also **dew**.
duel	A **duel** is a fight. See also **dual**.
dye	This is how to spell **hair dye**. See also **die**.
dyeing	They stopped **dyeing** their hair.
dying	Mum's pot plant was **dying**.

118

Ee

each	
eagerly	eager + ly
earlier / earliest	early: change the **y** to **i** and add **er** or **est**
earned	earn + ed
earth	
earthquake	earthquakes
	LEARN TOGETHER e**ar**ly, e**ar**n, e**ar**th, e**ar**thquake, le**ar**n, pe**ar**l
ease	
easier / easiest / easily	easy: change the **y** to **i** and add **er**, **est** or **ly**
eat	ate, eaten I usually **eat** toast for breakfast. Yesterday I **ate** cereal instead.
echo	echoes, echoing echoed
ecstasy	Not many words end in **asy**.
edge	
edible	
education	
effect NOUN	Something that **affects** you has an **effect** on you.
egg	
eight	My sister is **eight** years old.
eighth	I came **eighth** in the race.
either	**LEARN TOGETHER** **ei**ther, n**ei**ther

Dictionary — electrician to enquire

electrician	electric + ian
electricity	electric + ity
elephant	
ellipse	elliptical
ellipsis	
embarrass	double r, double s: emba**rr**a**ss**
emigrate	
emotion	
empathize *or* empathise	
emperor	
emphasize *or* emphasise	
emptier emptiest emptied empties	**empty:** change the **y** to **i** and add **er**, **est**, **ed** or **es**
enclosure	
encounter	
encourage	encouraged, encouraging
enemies	**enemy:** change the **y** to **i** and add **es**
energetically	energetic + al + ly
energy	
enormous	
enough	**LEARN TOGETHER** en**ough**, r**ough**, t**ough**
enquire	This is the spelling when you mean 'ask'.

120

Dictionary
ensure to evidence

ensure	To **ensure** something is to make sure of it. See also **insure**.
entrance VERB	(*say* en-**trance**) We were all **entranced** by the musician's skill.
entrance NOUN	(*say* **en**-trance) Let's meet by the **entrance**.
envelop	To **envelop** something is to cover it. You put a letter in an **envelope**.
environment	Remember the **n**: envir<u>o</u>n<u>n</u>ment
envy	**envies, envied** change the **y** to **i** and add **ous** to make the adjective **env<u>i</u>ous**
equal	
equality	
equator	
equipment	
equipped **equipping**	**equip:** double the **p** and add **ed** or **ing**
especially	
essential	
estimate	**estimation**
evaporate	**evaporation**
eventually	**eventual + ly**
every	**ev<u>e</u>r + y**
every time	
everybody	
everyone	Remember that there is an **e** before and after the **v** in **every**.
everything	
everywhere	
evidence	

These words are written the same, but pronounced differently.

Dictionary evil to extremely

A
B
C
D
E
F
G
H
I
J
K
L
M
N
O
P
Q
R
S
T
U
V
W
X
Y
Z

evil	
exactly	
exaggerate	
exceed	ex + <u>c</u>eed
excellent	ex + <u>c</u>ell + ent
except	ex + <u>c</u>ept **Except** means 'apart from' or 'not including'. See also **accept**.
exception	ex + <u>c</u>ept + ion
excited exciting	ex**c**ite: remove the **e** and add **ed** or **ing**
excitement	ex<u>c</u>ite + ment
exclamation	
excuse NOUN excuse VERB	These words are written the same, but pronounced differently.
exercised exercising	exercise: remove the **e** and add **ed** or **ing**
existence	exist + ence
experience	
experiment	
explain	
explained	
explanation	
expression	
extension	
extraordinary	extra + ordinary
extremely	extreme + ly

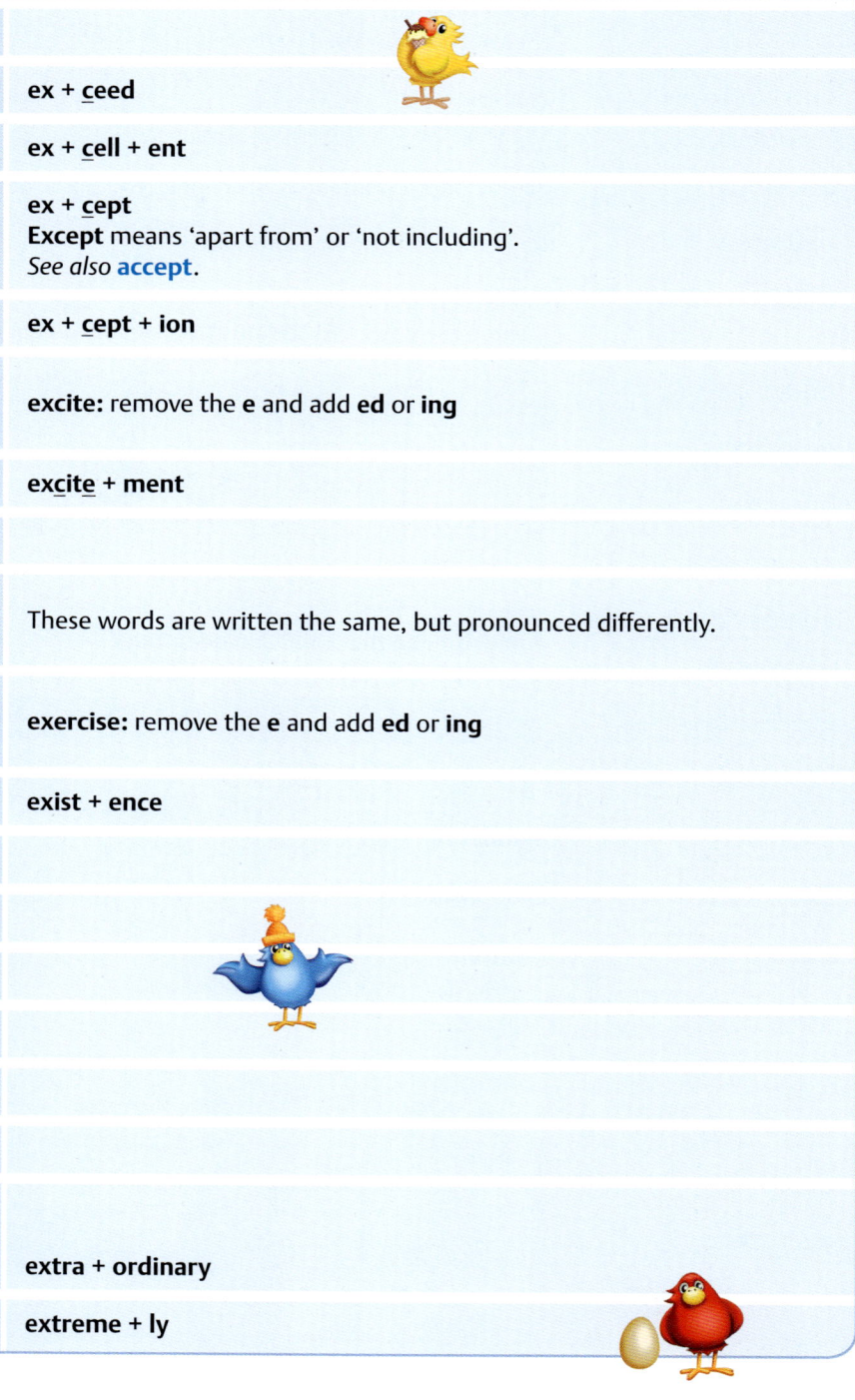

facing to February — Dictionary

Ff

facing	
factories	**factory:** change the **y** to **i** and add **es**
faint	**Faint** means weak; to **faint** is to become unconscious. See also **feint**.
fair	That's not **fair**! There was a craft **fair** in the hall. See also **fare**.
fairies	**fairy:** change the **y** to **i** and add **es**
fall	
fallen	I had **fallen** into the trap!
familiar	**LEARN TOGETHER** fam**i**ly, fam**i**liar, fam**i**liarity
families	**family:** change the **y** to **i** and add **es**
famous	
fare	How much is the bus **fare**? How did you **fare** in the test? See also **fair**.
farther	He lives **farther** up the road. I went **farther**.
fascinate	Remember the **c**: fas**c**inate
fate	**Fate** is a power that is thought to make things happen. See also **fete**.
father	His **father** helped him with his homework.
fault	
favour	
favourite	**favour + ite**
fearful	**fear + ful** The suffix **ful** has one **l**.
feasible	
feat	A **feat** is an achievement. **Feet** is the plural of foot.
February	

123

Dictionary — feint to flaunt

feint	This is how to spell **feint** when someone pretends to attack. See also **faint**.	
fern		
fertilize *or* fertilise	**Fertilization** and **fertilizer** can also be written with **z** or **s**.	
fete	A **fete** is an event with games, stalls and things to buy. See also **fate**.	
few		
fibre	fib<u>re</u>	
field		
fierce		
fight		
finally	final + ly	
finished	finish + ed	
fir	A **fir** is a tree. See also **fur**.	
fitter fittest fitted fitting	**fit**: double the **t** and add **er**, **est**, **ed** or **ing**	
flair	**Flair** is ability. See also **flare**.	
flammable		
flapped flapping	**flap**: double the **p** and add **ed** or **ing**	
flare	A **flare** is a bright light or a wide part; to **flare** is to get brighter, wider or more intense. See also **flair**.	
flatter flattest	**flat**: double the **t** and add **er** or **est**	
flaunt		

flavour to foot — Dictionary

flavour	
flea	**Fleas** are insects. See also **flee**.
fled	The mice **fled** in terror.
flee	To **flee** is to run away. See also **flea**.
flew	The bird **flew** over the garden. See also **flu** and **flue**.
flies	**fly:** change the **y** to **i** and add **es**
flight	
flood	(*rhymes with* **mud**)
	LEARN TOGETHER b**lood**, f**lood**
floor	
flour	You need **flour** to make bread. See also **flower**.
flout	To **flout** a rule is to disobey it. To **float** on water is to stay on the surface.
flowed	The water **flowed** down the pipe.
flower	My favourite **flowers** are roses. The tree **flowered** every spring. See also **flour**.
flown	The chicks have **flown** the nest.
flu	**Flu** is an illness. See also **flew** and **flue**.
flue	A **flue** is a pipe for smoke and fumes. See also **flew** and **flu**.
flung	The baby had **flung** its toys out of the cot.
fluttered	**flutter + ed**
focus	The noun plural is **focuses** or **foci**. The verb forms **focuses**, **focused**, **focusing** can also be written with double **s**, **focusses**, **focussed** and **focussing**.
followed	**follow + ed**
foot	The plural is **feet**.

125

Dictionary — forbid to freedom

forbid	**forbidding, forbade, forbidden** *In the old days, teachers **forbade** pupils from talking.*
fore	*The dog's **fore** and hind legs were hurt. This issue **came to the fore** last year.*
forehead	**fore + head**
foreign	
forest	There are no double letters: **forest**
forgave	
forget	**forgetting, forgot, forgotten**
forgive	**forgiving, forgave, forgiven**
forgo	**forgoes, forgoing, forwent, forgone**
formal	
fort	A **fort** is a strong building. See also **fought**.
forth	From that day **forth** we were friends. See also **fourth**.
fortunately	**fortunate + ly**
forty	
forward forwards	
fossil	
fought	If what you did is **fight**, you **fought**. See also **fort**.
found	*I **found** it hard. The school was **founded** in 1951.*
fourth	*It was my sister's **fourth** birthday.* See also **forth**.
frantically	**frantic + al + ly**
freedom	

126

Dictionary

freeze to future

freeze	We'll **freeze** the leftover food. See also **frieze**.
frequency	The plural is **frequencies**.
frequent ADJECTIVE	(*say* **fre**-quent) Add **ly** to make the adverb: **frequently**
frequent VERB	(*say* fre-**quent**)
fried **fries**	**fry**: change the **y** to **i** and add **ed** or **es**
friend	Remember the **i**: *I am needed by my friends*.
frieze	A **frieze** is a strip of pictures. See also **freeze**.
frighten	You can see **ten** in these words: **frighten**, **frightening**, **frightened**
fruit	The plural is **fruit** or **fruits**.
fulfilling **fulfilled**	**fulfil**: double the **l** and add **ed** or **ing**
fungus	The plural is **fungi**.
funnier **funniest** **funnily**	**funny**: change the **y** to **i** and add **er**, **est** or **ly**
fur	An animal's **fur** is its hair. See also **fir**.
furious	Add **ly** to make the adverb: **furiously**
furniture	
further **furthest**	
future	

The adjective and verb are written the same, but pronounced differently.

Dictionary — gallon to gnash

Gg

gallon	
galloped galloping	single **p**: gall**o**ped, gall**o**ping
gardener	**garden + er**
gardening	
gateau	This is a French word. The plural is **gateaux**.
gazed gazing	**gaze:** remove the **e** and add **ed** or **ing**
general	Add **ly** to make the adverb: **genera**l**ly**
gentle	
gently	
germ	
germinate	
gesture	
ghost	
giant	
gigantic	
giraffe	
glamorous	Notice the difference between **glam**o**ur** and **glam**o**rous**.
glared glaring	**glare:** remove the **e** and add **ed** or **ing**
glorious	Add **ly** to make the adverb: **glorious**l**y**
glory	The plural is **glories**.
gnarled	starts with silent **g**: **g**narled, **g**nash, **g**nat, **g**naw, **g**nome
gnash	

gnat to guard

gnat	
gnaw	
gnome	
goal	
goddess	double **d**, double **s**: go**dd**e**ss**
going	**go + ing**
gorgeous	
gorilla	
government	Remember the **n**: **govern + ment**
grabbed grabbing	**grab**: double the **b** and add **ed** or **ing**
gradually	**gradual + ly**
graffiti	double **f** but single **t**: gra**ff**i**t**i
grammar	
grate	This is how to spell a **metal grate**. You can also **grate cheese**, and an unpleasant sound can **grate**. See also **great**.
grateful	
great	This is the correct spelling when you mean 'good' or 'large'. See also **grate**.
grinned grinning	**grin**: double the **n** and add **ed** or **ing**
gripped gripping	**grip**: double the **p** and add **ed** or **ing**
groan	
group	
guarantee	**guaranteed**
guard	

Dictionary — guardian to happening

guardian	
guess	I **guessed** the answer.
guest	We went to welcome our **guests**.
guide	
guilty	
guitar	
guy	
gym	

Hh

had	**have:** ends with **e** **had:** no **e**
hadn't	**had + not** **n't = not** We **hadn't** done it yet.
haiku	The plural is **haiku** or **haikus**.
hair	I have curly **hair**. See also **hare**.
hairier hairiest	**hairy:** change the **y** to **i** and add **er** or **est**
halt	
halve	
handful	**hand + ful** The suffix **ful** has one **l**.
handkerchief	
handsome	**handsomer, handsomest**
hangar	Aircraft go in **hangars**. Clothes go on **hangers**.
happened happening	ha**p**pen + ed ha**p**pen + ing

Dictionary
happier to he'd

happier happiest happily happiness	**happy:** change the **y** to **i** and add **er**, **est**, **ly** or **–ness**
harass	one **r** but double **s:** hara<u>ss</u> hara<u>ss</u>ed, hara<u>ss</u>ing
hardly	
hare	A **hare** is an animal. See also **hair**.
hart	A **hart** is a deer. See also **heart**.
hasn't	**has + not n't = not** He **hasn't** arrived yet.
have	
haven't	**have + not n't = not** They **haven't** arrived yet.
hay	**Hay** is dried grass. See also **hey**.
heal	The doctors **healed** him. See also **heel**.
healthier healthiest healthily	**healthy:** change the **y** to **i** and add **er**, **est** or **ly**
hear	I can't **hear** – can you speak up? See also **here**.
heard	I **heard** what he said. There is no **e** before the **d** in **heard: hear + d**. See also **herd**.
heart	The message ended with **hearts** and kisses. See also **hart**.
heave	**Heave** rhymes with **leave**, but **heaven** rhymes with **seven**.
heavier heaviest heavily	**heavy:** change the **y** to **i** and add **er**, **est** or **ly**
he'd	**he'd = he had** or **he would**. **He'd** finished his work. **He'd** like to go.

131

Dictionary — heel to hole

heel	I bought a pair of shoes with high **heels**. See also **heal**.	
height	What is the **height** of that building?	
he'll	**he'll = he will** **He'll** be ten next year.	
herd	Look at that **herd** of sheep. A farmer was **herding** the animals. See also **heard**.	
here	Your coat is over **here**. See also **hear**.	
hero	The plural is **heroes**.	
hers	no apostrophe: This book is **hers**.	
he's	**he's = he has** or **he is** **He's** finished his work. **He's** going.	
hesitation		
hey	'**Hey!**' is an exclamation. See also **fete**.	
hiccupped hiccupping	**hiccup**: double the **p** and add **ed** or **ing**	
hide	**hiding, hid, hidden**	
highly	**high + ly**	
hindrance	no **e** before the **r**: hin**d**rance	
his	no apostrophe: This is **his** book. It is **his**.	
hissed	**hiss + ed**	
historic		
historically	**historic + al + ly**	
history	The plural is **histories**.	
hoard	We found a **hoard** of treasure. See also **horde**.	
hoarse	A **hoarse** voice is croaky. See also **horse**.	
hole	There's a **hole** in your sock. See also **whole**.	

holey to hurl — Dictionary

holey	**Holey** means full of holes. **Holy** means 'connected with God or religion'. **Wholly** means 'completely'.
holier holiest	**holy:** change the **y** to **i** and add **er** or **est**
honest	Add **ly** to make the adverb: **honestly**
honesty	
honorary	
honour	
honourable	
hopped hopping	**hop:** double the **p** and add **ed** or **ing**
horde	**Hordes** of people were coming down the road. See also **hoard**.
horrible	
horse	A **horse** is an animal. See also **hoarse**.
hotter hottest	**hot:** double the **t** and add **er** or **est**
hound	
hour	
howled	The dog **howled** when it was left.
hugged hugging	**hug:** double the **g** and add **ed** or **ing**
human	
humbly	
humorous	Notice the difference between **humour** and **humorous**.
humour	
hunger	
hurl	

Dictionary — icy to interest

Ii

icy	**ice:** remove the **e** and add **y**
identity	The plural is **identities**.
illicit	**Illicit** activities are bad. If you **elicit** a reaction from someone, you get it.
I'm	Remember the apostrophe: **I'm = I am** *I'm here!*
imagined imagining	**imagine:** remove the **e** and add **ed** or **ing**
immediately	**immediate + ly**
implied implies	**imply:** change the **y** to **i** and add **ed** or **es**
in case	This is two words.
increased increasing	**increase:** remove the **e** and add **ed** or **ing**
incredible	
independent	
individual	Add **ly** to make the adverb: **individually**
in fact	This is two words.
inferring inferred	**infer:** double the **r** and add **ed** or **ing**
informal	
in front	This is two words.
inquire	When you mean 'ask', the usual spelling is **enquire**.
insure	To **insure** something is to pay money in case it gets lost or damaged. See also **ensure**.
intelligent	
interest	**inter + est** interested, interesting

interfering to **kernel** # Dictionary

interfering **interfered**	**interfere**: remove the **e** and add **ed** or **ing**
interrupt	double **r**: inte<u>r</u> + **r**upt This word comes from Latin: the syllable 'rupt' comes from a word meaning 'break', and the prefix 'inter' means 'between'.
irrelevant	double **r** and ends with **ant**: i<u>r</u>relev<u>ant</u>
island	
isle	An **isle** is an island. See also **aisle**.
isn't	**is** + **n't** **n't** = **not** *She **isn't** going.*
it's	Remember the apostrophe: **it's** = **it is** or **it has**. *It's raining. It's stopped raining.*
its	No apostrophe: *The cat was licking **its** paw.*
I've	Remember the apostrophe: **I've** = **I have** *I've finished.*

Jj

jealous	Remember the **a**: je<u>a</u>lous
jubilee	
juice	*Would you like some fr<u>ui</u>ce?*

Kk

kept	*I **kept** forgetting. Have you **kept** your answers?*
kerb	This is how to spell a **kerb** at the edge of a road. See also **curb**.
kernel	This is how to spell the **kernel** in a nut. See also **colonel**.

Dictionary — key to lead

key	You lock a door with a **key**. See also **quay**.
kilogram	
kilometre	ends with **re**: kilomet**re**
knead	*Knead the dough.* See also **need**.
knew	*I knew his name* See also **new**.
knife	The plural is **knives**.

LEARN TOGETHER
calf, calves; half, halves; knife, knives

knight	This is how to spell a **knight** in shining armour. See also **night**.
knock	**knocked**
knotted **knotting**	**knot**: double the **t** and add **ed** or **ing**
know	*I don't know his name.*
knowledge	**know + ledge**
known	*If I had known, I would have told you.*

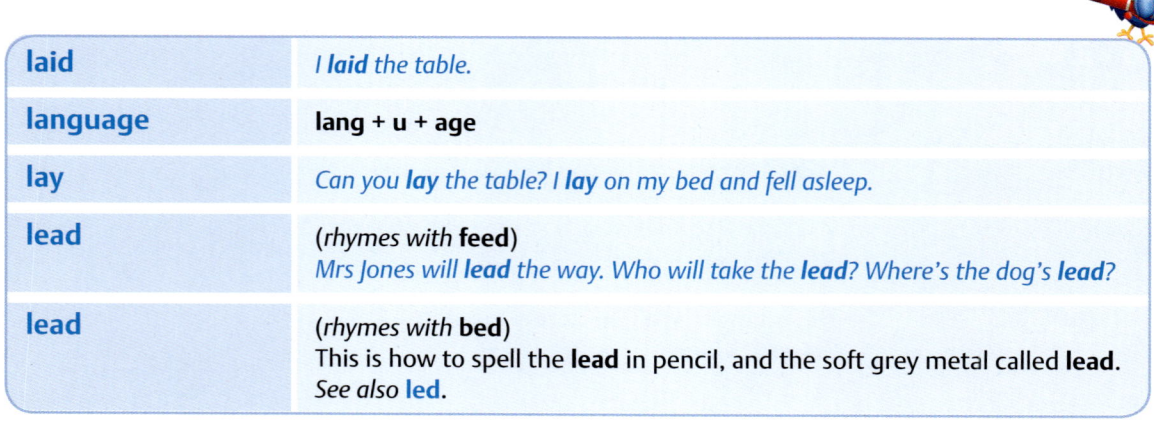

These words start with a silent k.

Ll

laid	*I laid the table.*
language	**lang + u + age**
lay	*Can you lay the table? I lay on my bed and fell asleep.*
lead	(*rhymes with* **feed**) *Mrs Jones will lead the way. Who will take the lead? Where's the dog's lead?*
lead	(*rhymes with* **bed**) This is how to spell the **lead** in pencil, and the soft grey metal called **lead**. See also **led**.

league to lying

Dictionary

league	
leap	**leapt** or **leaped**
learn	**learnt** or **learned**
leave	**leaving, left**
led	Mrs Jones **led** the way. See also **lead**.
leisure	contains **ei**: l**ei**sure
lend	**lent**
length	Remember the **g**: len**g**th
library	The plural is **libraries**.
licence	He didn't have a driving **licence**.
lie	**Lie** down here. If you **lie** today, no one will believe you tomorrow. Don't tell **lies**.
lied	He **lied** to me.
lightning	**Thunder** has an **e** but **lightning** does not.
literally	**LEARN TOGETHER** literally, literature
litre	ends with **re**: lit**re**
live	Where do they **live**?
loose	This is how to spell **loose** meaning 'not tight'.
lose	If you **lose** something, you no longer have it.
lot	Write **a lot** as two words.
lovely	
luckily	**lucky:** change the **y** to **i** and add **ly**
lying	The dog was **lying** by the fire. Stop **lying** and tell the truth!

137

Dictionary — make to muscle

Mm

make	making, made
marvellous	marvel + l + ous
material	
meant	mean + t
measure	
medicine	There is a **c** in medi**c**al and in medi**c**ine.
medieval	
mention	
metaphor	ends with **or**: metaph**or**
	LEARN TOGETHER metaphor, metaphorical
meter	*Put some money in the meter.*
metre	*There are 100 centimetres in a metre.*
millilitre	
millimetre	
millionaire	double **l** but single **n**: mi**ll**io**n**aire
miniature	Remember the **a**: mini**a**ture
minuscule	**LEARN TOGETHER** minuscule, minute
minute ADJECTIVE	(*say* my-**newt**)
minute NOUN	(*say* **min**-it) *There are sixty minutes in an hour.*
mischievous	ends with **v + ous**: mischie**vous**
mnemonic	starts with silent **m**: **m**nemonic
muscle	Remember the **c**: mus**c**le.
	LEARN TOGETHER muscle, muscular

138

natural to **occasionally**

Dictionary

Nn

natural	Remember the **u**: nat**u**ral
naughtier naughtiest naughtily	**naughty**: change the **y** to **i** and add **er**, **est** or **ly**
necessary	single **c** but double **s**: ne**c**e**ss**ary
need	You **need** to listen! See also **knead**.
negative	
neighbour	
neither	**LEARN TOGETHER** **either**, **neither**
new	I've got a **new** game. See also **knew**.
night	I saw you last **night**. See also **knight**.
no one	**Nobody** is one word, but **no one** is two words.
notice	
nuisance	It's a **nuisance** if you spill your **ju**ice.
number	

Oo

obedient	
observant	
occasion	double **c** but single **s**: o**cc**a**s**ion
occasionally	occasion + al + ly

139

Dictionary — occupy to pane

occupy	occupies, occupied
occurring occurred	occur: double the **r** and add **ed** or **ing**
of	It was the end **of** the day.
off	My hat blew **off**! The match is **off**.
official	
often	
opened	open + ed
opportunity	The plural is **opportunities**.
opposite	**LEARN TOGETHER** **opp**osite, **opp**ose
ordinary	
ought	**LEARN TOGETHER** **ough**t, b**ough**t, br**ough**t, f**ough**t, th**ough**t
ours	That car is **ours**.

Pp

paid	Have you **paid** for the trip? Yes, I **paid** last week.
pail	A **pail** is a bucket. **Pale** means 'almost white'.
pain	This is how to spell **pain** when something hurts, or is **painful**. See also **pane**.
pair	A **pair** is a set of two. See also **pear**.
palate	Your **palate** is part of your mouth, or your sense of taste.
palette	A **palette** is a board on which an artist mixes colours.
pallet	**Pallet** has several meanings, e.g. a platform or a bed.
pane	This is how to spell a **window pane**. See also **pain**.

parallel to persuasion — Dictionary

parallel	
parliament	Remember the **a**: parli**a**ment
particular	
particularly	**particular** + **ly**
passed	Dad **passed** me the dish. We **passed** the school. I've **passed** my test!
past	Try to forget the **past**. In the **past** week we have had several visitors. We **went past** the school.
peace	This is how to spell **peace** and quiet, or a time of **peace** rather than war. See also **piece**.
peak	A cap or a mountain has a **peak**. See also **peek**.
peal	Bells **peal**. See also **peel**.
pear	A **pear** is a fruit. See also **pair**.
peculiar	ends with **ar**: peculi**ar**
	LEARN TOGETHER **peculiar, peculiarity**
pedalled pedalling	**pedal**: double the **l** and add **ed** or **ing** She **pedalled** furiously on her little bike.
peek	A quick **peek** is a quick look. See also **peak**.
peel	You **peel** fruit. See also **peal**.
peer	To **peer** is to look closely. See also **pier**.
perhaps	
persuaded persuading	**persuade**: remove the **e** and add **ed** or **ing**
persuasion	

141

Dictionary — phenomenon to prescribe

phenomenon	The plural is **phenomena**.	
physical		
piece	*I would like a piece of cake, please.* See also **peace**.	
pier	A **pier** is a long building on stilts going out into the sea. See also **peer**.	
plain	**Plain** things are not decorated. A **plain** is a flat area. See also **plane**.	
plane	A **plane** is an aeroplane, a flat surface or a type of tree. See also **plain**.	
pleasure		
popular		
pore	**Pores** are tiny openings in skin. To **pore** over something is to study it closely. See also **pour**.	
position		
possess	Add **ion** to make the noun: **possession**	
possibility	The plural is **possibilities**.	
possible		
possibly		
potato	The plural is **potatoes**.	
pour	*Water was pouring everywhere. The fans poured out of the stadium.* See also **pore**.	
practice NOUN	*I'm doing my violin practice.*	
practise VERB	*I'm practising the violin.*	
pray	When people **pr**a**y** for something, they say **pr**a**yers**. See also **prey**.	
precede	**pre** + **cede** = come or go before See also **proceed**.	
prejudice	**prejudiced**	
prescribe	*Did the doctor prescribe any medicine?*	

Dictionary: pressure to putt

pressure	**pressuring, pressured**
prey	An animal's **prey** is another animal that it hunts for food. See also **pray**.
principal	**Principal** means 'most important'; a school **principal** is a head teacher.
principle	A **principle** is a rule. In **principle** means 'in general'.
prise	This is the usual spelling when you **prise** a lid off. See also **prize**.
privilege	**privileged**
prize	*We won first **prize**!* To **prize** something is to value it highly. See also **prise**.
probably	
proceed	**pro + ceed** = go on or continue See also **precede**.
profession	
professor	**pro + fess + or**
profit	**Profit** is money got by selling something for more than it cost. To **profit** from something is to get an advantage from it. See also **prophet**.
program	Use **program** when you are writing about computers.
programming **programmed**	**programme**: remove the **e** and add **ing** or **ed**
promise	
pronunciation	Notice the difference between **pron<u>ou</u>nce** and **pron<u>u</u>nciation**.
prophet	A **prophet** is God's messenger, or someone who says what will happen in the future. See also **profit**.
purpose	
put	*Put your coat here. I put my pen down here yesterday. Dad was just putting dinner on the table.*
putt	To **putt** a ball is to tap it gently.

Dictionary — quarter to regular

Qq

quarter	
quay	(*sounds like* **key**) A ship lands at a **quay**. *See also* **key**.
question	
questioning	
questionnaire	**question + n + aire**
queue	**queueing** *or* **queuing, queued** *See also* **cue**.

Rr

read	*I'm* **reading** *a good book. Have you* **read** *this one? I* **read** *it last year.*
realize *or* realise	starts with **real**
really	**real + ly** *It's* **really** *hot in here!*
receive	**receiving, rec<u>ei</u>ved** **i** before **e** except after **c** when the sound is /**ee**/
recent	Add **ly** to make the adverb: **recent**<u>ly</u>
recognize *or* recognise	
recommend	single **c** but double **m**: **re + c**o**mmend**
reek	To **reek** is to stink. *See also* **wreak**.
referee	**refer + ee**
regular	ends with **ar**: regul<u>ar</u>
	LEARN TOGETHER <u>regular</u>, <u>regularity</u>, <u>regularly</u>

144

reign to rough — Dictionary

reign VERB, NOUN	(*sounds like* **rain**) The Queen **reigned** for many years. Her **reign** lasted for a long time.
rein NOUN	I held the horse's **reins**.
relevant	ends with **ant**: relev**ant**
relies **relied**	**rely**: change the **y** to **i** and add **ed** or **es**
remember	
resign	The **g** is silent in **resign**, but you can hear it in the related word **resignation**.
restaurant	
retch	To **retch** is to vomit. See also **wretch**.
review	I have now **reviewed** your homework. We wrote **reviews** of the books in the library.
revue	A **revue** is a form of entertainment, with songs and little plays.
rhombus	
rhyme	
rhythm	
ride	**riding, rode, ridden**
right	Is this **right** or wrong? Everyone has the **right** to take part. See also **rite** and **write**.
ring	This is how to spell a **ring** on your finger, **ringing** someone on the phone, and bells **ringing**. See also **wring**.
rite	A **rite** is a ceremony. See also **right** and **write**.
rough	

145

Dictionary — sacrifice to sheep

Ss

sacrifice	
said / says	**WATCH OUT!** These words are often pronounced /sed/ and /sez/, but **said** is written like **laid** and **paid**, and **says** is written like **pays** and **stays**.
saw	I **saw** Joe earlier. Grandma was **sawing** logs. She was using a **saw** to cut the wood. See also **sore**.
scene	A **scene** is a place, a view or a part of a play.
scissors	
screamed	scream + ed
secretary	secret + ary
seize	seizing, seized
self	The plural is **selves**.
sensible	
sentence	
separate ADJECTIVE	sep + a + rate Add **ly** to make the adverb: **separately**
separate VERB	separating, separated
sergeant	serge + ant
serial	I ate a bowl of **cereal** whilst watching a **serial** on TV.
sew	You **sew** clothes. See also **sow**.
shear	**sheared, shorn** or **sheared** It is time to **shear** the sheep. See also **sheer**.
sheep	The plural is also **sheep**.

The adjective and verb are spelled the same, but pronounced differently.

sheer to **sore** # Dictionary

sheer	**Sheer** madness is utter madness. A **sheer** drop is vertical. **Sheer** material is very thin. See also **shear**.
shepherd	
shiny	**shine**: remove the **e** and add **y**
shoot	This is how to spell **shoot** if you are writing about sports or weapons, about moving fast or about plants producing **shoots**. See also **chute**.
should	**LEARN TOGETHER** c<u>ould</u>, sh<u>ould</u>, w<u>ould</u>
shoulder	You <u>should</u> take care of your <u>should</u>ers!
sight	**Sight** is vision. A **sight** is something that you can see. See also **site**.
sign	The **g** is silent in si**g**n, but you can hear it in si**g**nature.
sincere	Add **ly** to make the adverb: sincerel<u>y</u>
site	A **site** is a place. See also **sight**.
slammed **slamming**	**slam**: double the **m** and add **ed** or **ing**
soldier	
solemn	ends with silent **n**: solem<u>n</u>
	LEARN TOGETHER <u>solemn</u>, <u>solemn</u>ity
somebody	
somehow	
someone	These are all written as one word. Remember the **e**: som<u>e</u>
something	
somewhere	
sore	My foot is **sore**. See also **saw**.

a b c d e f g h i j k l m n o p q r **s** t u v w x y z

147

Dictionary — sow to suggest

sow	You **sow** seeds. See also **sew**.	
spaghetti	double **t**: spaghe**tt**i	
special	Add **ly** to make the adverb: specia**lly**	
sphere		
stake		
staring **stared**	**stare**: remove the **e** and add **ed** or **ing**	
stationary	*The car was **stationary**.*	
stationery	**Station**e**ry** is **e**nvelopes and other things.	
steal	**Stealing** is theft. **Steel** is a metal.	
stepped **stepping**	**step**: double the **p** and add **ed** or **ing**	
stomach	*I had a **stomach** ache.*	
stopped **stopping**	**stop**: double the **p** and add **ed** or **ing**	
storey	A **storey** is a floor or level in a building. *Their block has three **storeys**.*	
story	*Gran told us lots of **stories**.*	
straight	*I have **straight** hair.*	
strait	A **strait** is a narrow stretch of water between two seas. **In dire straits** means 'having a lot of difficulties'.	
strata	**Stratum** is the singular form.	
strength	Remember the **g**: stren**g**th	
success		
suddenly	double **d**: su**dd**en + ly	
sufficient		
suggest		

suit to thank you — Dictionary

suit	Don't spill juice on your suit! That colour suits you.
suite	(sounds like sweet) A suite is a set or rooms, furniture or music.
sum	
suppose	
surprise	sur + prise
surprised	sur + prised
surprising	sur + prising
suspicious	
symbol	A symbol is a mark or sign. See also cymbal.
symmetry	
system	

Remember that there is an r before and after the p.

Tt

tail	An animal has a tail.
team	A team is a group. To team up is to join together. See also teem.
tear	(rhymes with ear) Tears were falling from my eyes.
tear	(rhymes with air) tore, torn I've torn my shirt. There's a tear in your skirt.
teem	To teem with something is to be full of it. See also team.
temperature	temper + a + ture
thank you	This is two words.

149

Dictionary — their to tongue

their	*That is **their** house.*	
	LEARN TOGETHER	
	them, they, their, theirs	
theirs	*No apostrophe: That house is **theirs**.*	
there	*Who's that over **there**? **There's** a lot to do.*	
	LEARN TOGETHER	
	here, there, everywhere	
therefore		
they're	**they're = they are**	
think	**thought**	
thorough	**LEARN TOGETHER**	
	borough, thorough	
though		
thought	**LEARN TOGETHER**	
	ought, bought, brought, fought, thought	
threw	*I **threw** the ball.* *See also **through**.*	
through	*I couldn't get **through** on the phone. We got the **through** train.* *See also **threw**.*	
throw	**threw, thrown**	
tire	To **tire** someone is to make them feel tired. See also **tyre**.	
to	*We went **to** school. Push the door **to**.* This is also the infinitive 'to': *I want **to** go.*	
toe	*Ouch! You stood on my **toe**! Jack was now **toeing** the line.* See also **tow**.	
tomato	The plural is **tomatoes**.	
tomorrow	single **m** but double **r**: **to** + **morrow**	
tongue	Your **tongue** is in your mouth. A **tongue** is a language.	

tongs to upon

tongs	**Tongs** are for picking up food or coal. This is also how to spell **curling tongs**.
too	*I want a go **too**. It's **too** hot.*
tough	
tow	*We were **towing** a trailer.* See also **toe**.
tread	
treasure	
tried tries	**try**: change the **y** to **i** and add **ed** or **es**
troop	**Troop** is a general word for a group of people or animals. If people **troop** somewhere, they all go there together. A **troupe** is a group of performers.
truly	
twelfth	*I came **twelfth** out of twenty.*
twelve	*My brother will be **twelve** on his birthday.*
tyre	This is how to spell the **tyres** on a vehicle. See also **tire**.

Uu

unconscious	
unfortunate	Add **ly** to make the adverb: **unfortunately**
unique	
until	**WATCH OUT!** The word **till** has a double **l**, but **until** has a single **l**: **until**
upon	**up + on**

151

Dictionary   vain to way

Vv

vain	A **vain** person is conceited or proud. See also **vane** and **vein**.
vane	A weather **vane** is a pointer that shows which way the wind is blowing. See also **vain** and **vein**.
variety	
various	
vegetable	
vehicle	
vein	**Veins** carry blood. See also **vain** and **vane**.
villain	**LEARN TOGETHER** barg**ain**, capt**ain**, cert**ain**, mount**ain**, vill**ain**
visible	

Ww

wail	To **wail** is to cry, and a **wail** is a cry. See also **whale**.
waist	Tie your coat round your **waist**. See also **waste**.
wait	**Wait** for me! We had a long **wait** for the bus. See also **weight**.
wary	If you are **wary**, you are careful. If you are **weary**, you are tired.
wasn't	Remember the apostrophe: **wasn't** = was not I **wasn't** ready.
waste	Don't **waste** water. Put the **waste** in the bin. See also **waist**.
watt	A **watt** is a unit of electricity. See also **what**.
way	Can you tell me the **way**? See also **weigh** and **whey**.

Dictionary

weak to which

weak	**Weak** means 'not strong'. See also **week**.
wear	*Are you wearing a coat?* **Wear and tear** *is damage.* See also **where**.
wearier weariest wearily	**weary:** change the **y** to **i** and add **er**, **est** or **ly**
Wednesday	**Wed + nes + day**
week	A **week** is seven days. See also **weak**.
weigh	*How much does the box* **weigh**? See also **way** and **whey**.
weight	*What is the* **weight** *of the box?* See also **wait**.
weird	*We are not* **weird**!
went	no **h: went**
were	***Were*** *you there?*
we're	**we + are** ***We're*** *going, are we?*
wetter wettest wetting	**wet:** double the **t** and add **er**, **est** or **ing**
whale	**Whales** are sea creatures. See also **wail**.
what	***What*** *hat is that?* ***What*** *is that?* See also **watt**.
where	***Where*** *are you? Leave it* ***where*** *it is.* See also **wear**.
whet	*If something* **whets** *your appetite, it makes you feel hungry.*
whey	*Separate the curds from the* **whey**. See also **way** and **weigh**.
which	***Which*** *cake do you want?* ***Which*** *is yours?* See also **witch**.

Dictionary — whine to write

whine	To **whine** is to cry or complain. See also **wine**.	
whispered	**whisper + ed**	
whole	We watched the **whole** film. Two halves make a **whole**. See also **hole**.	
whom		
who's	**who's = who is** or **who has**. Who's at the door? Who's finished?	
whose	Whose shoes are these? Whose is this coat?	
wine	**Wine** is an alcoholic drink. See also **whine**.	
witch	A **witch** is someone who does witchcraft. See also **which**.	
with	no **h** at the start: **with** I went with my mum.	
woman	The plural is **women**.	
won't	This is the short form of **will not**: They won't go. **n't = not**	
wood	This table is made of **wood**.	
would	Would you like a drink?	

LEARN TOGETHER
c**ould**, sh**ould**, w**ould**

wouldn't	**would + n't** **n't = not** They wouldn't go.	
wreak	To **wreak** havoc is to cause it. See also **reek**.	
wretch	A **wretch** is someone who is poor, unhappy or disliked. See also **retch**.	
wring	You **wring out** clothes when you twist them to remove water. See also **ring**.	
write	**writing, wrote, written** I'm writing a card for Gran. See also **rite** and **right**.	

A B C D E F G H I J K L M N O P Q R S T U V **W** X Y Z

154

Yy

yacht	(*say* **yot**)
yolk	The **yolk** of an egg is the yellow part. **Yoke** has several meanings, e.g. a wooden thing across the necks of animals pulling a cart, or the shoulder section of a garment.
your	*This is **your** coat.*
you're	**you + are** *You're happy, are you?*
yours	No apostrophe: *This coat is **yours**.*

Index

Aa

a sounding like '**o**'	94
active	28-9
adding **-able** or **-ible**	81
adding **-ant**, **-ance** or **-ancy**	85
adding **-ent**, **-ence** or **-ency**	85
adding **-er**	76-7, 80
adding **-est**	76-7, 80
adding **-ing**	70-1
adding **-ed**	25, 72-3
adding **-s**	24
adjectives	7-8, 12,14, 42, 45, 76-7, 80-3
adverbs	12-3, 30-2, 42-3, 45, 80, 83,
adverbials	20, 30-2, 54
agreement	23
antonyms	40-1, 44, 46, 71
apostrophes	60-1, 88-9
apostrophes in contractions	60, 88
apostrophes to show ownership	61, 89
articles	14
auxiliary verbs	15, 25, 27

Bb

brackets	57
bullet points	62

Cc

capital letters	9, 33, 51
choice of words	46-8
clauses	12, 16-7, 19, 20, 54, 56-7
cohesion	30, 32
cohesive devices	30, 49
colloquial language	33, 35,
colons	55-7, 62
commas	20, 52-4, 56-7, 59
commands	16, 52
common nouns	9
comparatives	76
complements	22
conjunctions	11, 17, 19, 30, 31
consonants	24, 63, 67, 70-3, 77, 81, 83, 86
contractions	33, 35, 37, 44, 60, 88
co-ordinating conjunctions	11, 19
countable nouns	9

Dd

dashes	47, 51, 56-8,
determiners	13-4, 30, 36
different degrees of formality	43
different degrees of intensity	42
direct speech	59, 88
double negatives	36

Ee

ellipsis	31, 58
endings **el**, **le** or **al**	96
exclamations	16
exclamation marks	16, 52

156

Index

Ff

formal language	33-5
fronted adverbials	20, 54
full stops	16, 43, 50, 62
future	15, 27

Gg

Hh

headings	32
homographs	91
homophones	90
hyphens	58

Ii

imperatives	16
informal language	33, 34, 35
instructions	16, 52
inverted commas	59
irregular verbs	74-5

Jj

Kk

Ll

letter group **ch**	96
letter group **cher**	87
letter group **ear**	66
letter group **gue**	87
letter group **ou**	95
letter group **ough**	94
letter group **ph**	96
letter group **que**	95
letter group **sc**	96
lists	33, 56
long vowel sounds	63

Mm

main clauses	17, 19, 56
making plurals	67, 68, 69
modal verbs	15, 27

Index

Nn

near-synonyms	39–41
non-standard English	36, 37, 47
noun phrases	18, 21
nouns	7-10, 13-4, 18, 21, 45, 51, 55, 67-9, 80-3, 89

Oo

objects	21-3

Pp

paragraphs	20, 30, 32
parenthesis	57
passives	28-9
past	8, 25-6, 29, 36, 49, 72, 74-5
past participle	26, 72, 74-5
past progressive	25
perfect	15, 26, 49
person (1st/2nd/3rd)	23
phrases	18, 20-1, 31, 33, 36, 38, 47, 56-7
plurals	67-9, 89
possessive determiners	14
possessive pronouns	10
prefixes	44-5, 78-9
prepositions	13, 18
prepositional phrases	18
present participles	70
present perfect	26, 49
present progressive	24
past tenses	25, 49
present tense	24, 26-7, 49, 70, 75
pronouns	7, 10-1, 13, 19, 21, 23, 30, 32
proper nouns	9, 51, 55

Qq

questions	15, 16
question marks	16, 52
question tags	33, 35, 37

Rr

relative clauses	19
relative pronouns	10-1, 19
repetition	46-7
reported speech	30

Ss

semicolons	56
sentences	7, 10, 16-7, 21-2, 28, 30, 33, 39, 40, 46, 50-1, 56
serial or Oxford comma	53
silent letters	92
soft **c**	85, 93, 96
soft **g**	85, 93, 96
speech marks or inverted commas	59
spelling the /eɪ/ sound	63
spelling the '**chuh**' sound	87
spelling the /iː/ sound	64
spelling the /aɪ/ sound	64
spelling the '**shul**' sound	86
spelling the '**shun**' sound	84

Index

spelling the 'shus' sound	87
spelling the /u:/ sound	65
spelling the 'zhuh' sound	87
standard English	33, 36-7, 47
statements	15-6, 21, 61
subheadings	32
subjects	16, 21-3, 28, 36, 38
subject and verb agreement	23
subjunctives	33
subordinate clauses	17, 19, 20, 54, 57
subordinating conjunctions	11, 19
suffixes changing word classes	45
suffixes	44-5, 80, 81-7
superlatives	76
synonyms	38-41, 46, 48

Tt

tautology	47
tenses	24-7, 49
top tips	97, 98

Uu

uncountable nouns	9

Vv

verbs	7, 8, 12-3, 15, 19, 20-1, 23-9, 33, 36, 45, 49, 70-5, 80-2
verbs that change completely in the past tense	26, 74, 75
voice	28, 29
vowels	14, 63-6, 71, 73, 77, 81, 83, 86, 92-3, 98

Ww

word class	7, 13, 43, 45, 80
word combinations	48
word order	48
word families	98

Xx

Yy

y makes /ai/ sound	64

159